大是文化

《生活手帖》前總編輯、個性二手書店
「COW BOOKS」創辦人、網站「生活基礎」創辦人

松浦彌太郎
我對投資的想法

如何讓金錢喜歡你？不用太多錢
就有豐富生活的投資提案。

林佑純——譯

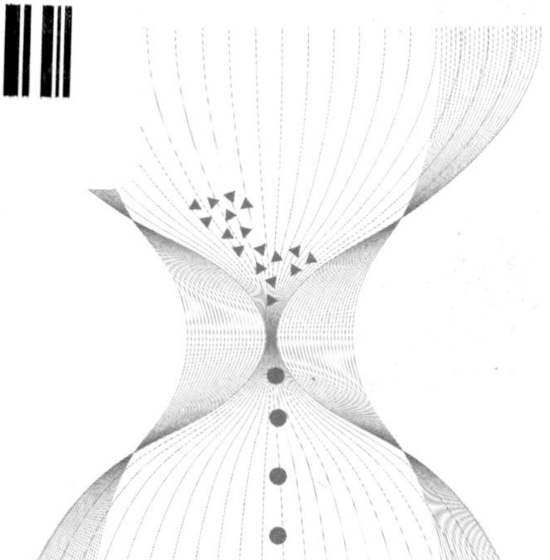

僕が考える投資について

Contents

第二章 如何讓金錢喜歡你 069

第四章 關於投資的心理準備 169

推薦序一

松浦式的投資心法，是人生的整理術

華山文創品牌長／劉冠吟

看到這本書時，和我一樣喜歡松浦彌太郎的讀者，應該都跟我一樣驚訝——他竟然寫了關於投資理財的書！我抱著半信半疑的心開始閱讀後才了解，「松浦式投資」不局限於金錢，更多關於經歷、人生、選擇，以及你跟我都面臨過的迷惘。書中分享的松浦式投資心法，其實是人生的整理術，與做決定的專業技術。

松浦彌太郎曾開過書店，當過總編輯、作家、社長、品牌顧問等，最近朝著電影導演一職邁進，工作範圍非常廣泛。書中提到，如果有人問他工作職稱是什麼，他總是會在心裡回答：「松浦彌太郎。」他希望自己的職業，就是顯示自己的名字，因為這代表沒有局限，所以也沒有定位。他說：「真要說的話，只想透過自我的感受和想法，追尋、發現嶄新的價值觀。」

延續「職業＝自己」的中心思想，松浦彌太郎一路走來，會把自己投資在眼前的工作上，進而讓自己的個性和特色獲得好評，並被賦予下一次的工作機會。這精確的說明了他心中對「投資」的定義：不只是把錢花在哪裡，而是把身而為人，其有限的心力放在哪裡。

「以後，我要是能變成這樣就好了……。」松浦彌太郎說，記得不斷的提醒自己，現在眼前的選項，哪些跟未來理想的你連在一起？如此才能知道該把精力投注在哪些事上，而不會感到茫然。所以在這篇文章的開頭，我使用了「做決定的專業技術」，來形容松浦式的投資心法，因為投資的過程充滿選擇，能做出明智的決策，絕對是一門專業——所需要的就是了解自己、釐清想法，以及培養正確的習慣。書中提到的松浦式投資心法，都指向了成就「自己＝品牌」這個核心。

松浦彌太郎高中輟學時，先在工地工作養活自己，當時除了做好分內的事，也會隨手將環境清理乾淨，這個小動作讓他工作越接越多；在美國闖蕩時為了省錢，住在沒有附廁所、淋浴間和空調的旅社，徹底的感受到「如何使用金錢」跟「如何使用時間」一樣重要，了解到不能因為時間是無形的存在就任意揮霍，如果想要賺更多錢，首先要思考怎麼花時間；再怎麼忙碌，從不犧牲三餐或隨便吃，因為照顧好身體，可以避免更大的損失。種種在細節上不同的投資，造就了今日的他。

我常在工作上遇到毫無想法的晚輩，或對生活跟工作沒有期待，卻把精神投入在股票的年輕人（多半沒有獲得很好的回報），當下這樣過生活，或許覺得無所謂，但將時間拉長來看，應該沒有人想要毫無用心軌跡的人生。

松浦彌太郎使用了總編輯的高度，帶領讀者看看他的人生編輯術，希望打開這本書的你，或對人生、金錢感到迷惘的你，也能藉此重新編輯跟投資自己的人生。

推薦序二

所有的事情都是由選擇開始

boven雜誌圖書館創辦人／周筵川

很榮幸這次有機會幫松浦彌太郎的新書寫推薦序，我也和他一樣問過自己：「我想成為一個怎麼樣的人？」在讀完這本書後，我對如何自我規畫有更多的想法和體會。對我來說，賺錢雖然很重要，但不是人生唯一的目標；在生命中追求什麼、活著的意義是什麼？有什麼事可以燃燒你的熱情？有什麼事可以讓你不計代價也要去做……思考著未來並行動，所做所想都是為了這個目標而前進。

投資自己是必須去做的事，但是我把投資當作交換遊戲和選擇遊戲。電影《駭客任務》（*The Matrix*）裡，其中一個角色莫斐斯（Morpheus）曾說：

「所有的事情都是由選擇開始。」

時間、金錢、生命和身體都是有限的資源。因此，不論是用時間交換金錢，還是用金錢交換時間，都是一種投資、交換、選擇，而這些投資最後造就了現在的自己。我經常和朋友分享：事情沒有好壞，一切的好與壞都是累積，也讓自己往更好的方向前進，所以不要被自己限制，要積極的尋找任何的可能性。

我對松浦彌太郎在生活中的自律也感到很佩服。學會照顧身體、關注內在情緒、保持規律的生活真的不是容易的事，尤其現代人常因為吃得過量，反而造成身體的負擔，所以要學會開啟身體的省電模式，生活才過得輕鬆。

不論是用什麼方式投資，都得付出相對的代價，因此人生中存在許多麻煩的事，但只要學會了不怕麻煩，就什麼事都不麻煩了。面對任何事總是做中學，並帶著好奇心，一定能把事情做好。打開對世界的好奇、保持客觀的心，累積夠多對事物的觀察與經驗，靈感就會在你需要時浮現。

只要找到對事物的熱情，持續的累積各種體驗，不斷的學習，如同書中所說，下一個前進的目標自然會出現。祝福大家都能順利的持續投資自己，未來的人生必定因此而豐富。

推薦序三

經營自我最終能創造最大的報酬

價值投資者、財經作家／雷浩斯

這本《松浦彌太郎：我對投資的想法》，是一本讓我很有共鳴的書。作者談的不只是投資而已，而是如何讓金錢喜歡上你。投資就是拿錢去換未來更多錢，然而未來不可知。所以最理想的狀況就是創造自己的未來，在能控制的範圍內，盡全力把事情做到好，剩下的就不用想太多。

那要把哪些事情做好？就是要有效率的運用時間和金錢。我二十幾歲時的想法和作者一模一樣，認為自己必須有效率的利用時間跟金錢。就像書中所說，如果你想賺更多錢，首先得思考你要把時間花在什麼事上。

所以我過去拚命的節省時間來學習，連十五分鐘都不放過，盡可能的發揮專注力，學更多的知識。然而隨著時間過去，這些好習慣逐漸被一些瑣事影響而荒廢。我可以找一大堆理由來自欺欺人：我滑一下手機就好、我看一下社群網站就好，但這麼一來，注意力就這樣因此被分散掉。看到作者如此用心規畫時間，我忍不住自我檢討了起來。

此外，關於作者花費金錢的方式，也有很多地方值得思考和學習，例如當身體不舒服時，他願意花大錢讓自己住在舒適的旅館、吃更營養的食物，把身體調養至健康的狀態。

書裡還有一段讓我很有共鳴的章節——他認為自己的職業是：松浦彌太郎。很多人會覺得，職業是自己的名字也太奇怪了。不過我也常遇到類似的狀況。我這十多年來都是獨立作業，通常透過網路、電子郵件、粉絲專頁和工作廠商聯絡，所以沒有印自己的名片。上節目其實別人都知道我是誰，所以也不需要名片。不過偶爾有人跟我交換名片時，我只能說：「不好意思，我沒有名片。」還厚臉皮的邀請對方到我的粉絲專頁按讚。

從另一個角度來看，也可以這麼思考：當你沒名片，別人是怎麼看待你的？如果你用心經營自己，他人對你的觀感其實會提高你的人生報酬率。這幾年我因為勤勞的發表網路文章、出書，且不斷堅持學習，稿費和演講費因此自然而然的提高不少，還有不少媒體朋友熱情的邀約我上節目、為新書寫推薦文。除了非常感謝他們以外，我也認為**專注的經營自我，能創造最大的報酬**。

此外，作者還有一個令我受益的觀點：當他在思考「接下來的十年，該為什麼而努力」，他的答案是：用十年來提升社會信用度。

社會信用度就是讓別人知道「我可以相信你、認同你」，因此以投資的角度來看，增加個人信用度是最大的報酬，這觀念也可以在股神華倫·巴菲特（Warren Buffett）身上學到，巴菲特的爺爺曾告訴他：「累積你的信用，信用比金錢更好用。」巴菲特終身奉行此觀念，這是他創造出傲人成就的關鍵之一。

這兩、三年來，曾因為股市狂漲，吸引許多貪婪的人進場，很多不良的投資人或操盤手在多頭的時候，做一些短視近利的事，導致個人信用不良。隨著股市下跌，他們的信用近乎崩盤，幾乎不可能恢復信用。

但堅持累積社會信用度的人則不一樣，信用會讓你的人際關係產生複利效應，當更多人更快信任你，你做起事來會無往不利。而你在未來遇到打擊時，也能堅如磐石，因為你有社會信用當靠山。

本書的每一個章節，都以約兩、三頁的篇幅，闡述該章節的主題。這是一本輕鬆、簡單好讀、非常有用的好書，當你稍微有點疲累，不妨拿出來翻一翻，這本書將會帶給你前進的動力。

推薦序四

讓錢成為人生路上的好幫手，而不是壞主人

自由作家／劉揚銘

哲學家法蘭西斯・培根（Francis Bacon）有句名言：「錢是好僕人，卻是壞主人。」這句話說明，妥善運用金錢能讓人更自由；但如果反過來，活著只為了追逐更多錢，那離快樂大概會越來越遠。

《松浦彌太郎：我對投資的想法》並不是一本教讀者如何迅速致富的書，作者一開始就直說，賺錢不一定等於幸福，雖然大家年輕時都這麼想，但為了賺錢而拚命工作，放棄休息、失去健康、耗損人際關係……到頭來才發現，豐富安穩的生活，重點不在賺錢，而是如何有意義的使用金錢。

因此，書中定義的「投資」並非只考慮金融資產，而是對人生的整體投資——你想當一個怎樣的人、決定如何運用有限的人生？而在你獨一無二的生命裡，金錢又該扮演什麼樣的角色？為了成為生命的主人，我們思考未來並採取行動，試著讓金錢成為路上的好幫手，這段旅程中，松浦彌太郎就像一位歷練豐富的旅伴，時不時和你分享他獨特的想法，但不強迫你接受。

例如他認為，投資金融資產不如投資自己；在他的人生順位中，健康的身體與心情排在金錢之前；好好吃飯、睡覺、運動，比工作更優先。至於工作，他在乎的是能不能持續學到新東西、有沒有保持好奇心、會不會在過程中和有意思的人相遇。

或許你會想問，做這些就能變得有錢嗎？松浦彌太郎認為，只要重視金錢，自然能當一個「被金錢喜歡的人」。

金錢的本質是「信用」，一個人能在社會中獲得金錢，代表值得信任，例如演員因能帶給觀眾感動而獲得酬勞。能妥善完成受託付的事，工作時讓周遭的人認為「有這個人在好像都很順利」，信任度因此提升，金錢自然就會喜歡你，集中到你身邊。

至於錢不是越多越好，道理也在這裡，因為擁有的錢越多，代表被社會託付的責任越大，你得持續做出有意義的投資，才能回應社會的期待。如果不把金錢運用在有意義的事物上，總有一天會失去信用。所以，假如你正為了錢困擾，比起如何賺錢，不如先檢視自己如何用錢，記錄自己把錢花在哪裡？投資在哪些事情上，才能讓自己與他人共享喜悅？

此外，松浦彌太郎認為如何運用時間，道理和如何運用金錢相同，而時間又比金錢更重要。「投資自己」就是決定應該把時間用在哪些事上，將不該做的事、不該花的錢勇敢拒絕，盡可能增加自由支配的時間，用心度過每一天，並耐心等待投資結果的到來，就有機會慢慢接近理想中的人生。

翻開這本書前，可能會對「松浦彌太郎，談投資？」感到些許驚訝，但這本書提醒我在累積財富的半路上先暫停腳步，好好思考關於人生的問題，並做好決定再踏出下一步。

前言
我對投資的想法

我想，二、三十歲的讀者應該經常為了錢不夠用而感到煩惱，你們可能時常會想：「我要是有很多錢，那該有多好。」只要有錢，許多煩惱似乎都會消失，每天都能過得輕鬆、快樂。

我在那個年紀時也會這麼想，也曾為了錢拚命工作過。但在累積一定的財富（也不是什麼大金額）後，我猛然回過神，才發現自己過去為了工作縮減睡眠時間、放棄休息的機會，使得身體疲憊不堪；把工作擺在第一位，導致和朋友漸行漸遠，且不覺得生活過得快樂；賺到的錢也常用在發洩性消費，卻感受不到幸福。我這才注意到，豐富且安穩的生活，根本無法用金錢換取。

我原本的人生目標，是成為一個有錢人。但經歷這一切後令我不禁感到懷疑，過去付出的努力、學到的東西，真的有意義和價值嗎？我實際上想從事什麼職業？怎麼樣的生活才算得上豐富？我不禁再度審視人生的願景、目標，心裡想著，自己活著的意義究竟是什麼？

在反覆思考後，我發現了一件事，那就是：至少金錢不是這些問題的答案。若只擁有錢財，也無法從生活中獲得幸福和喜悅，甚至越執著於金錢，反倒會離幸福越遠。

我想，一定有比金錢更重要的事。賺錢不是人生唯一的目標，**重點在於如何有意義的使用金錢**——這是我在思考後得出的其中一項結論。

我認為應該先思考：「自己想成為一個怎麼樣的人？」深入探討這個問題，可能多少會牽涉到哲學領域。不過與其思索未來想從事的職業，不如具體的描述自己想成為怎麼樣的人，並思考為了達成這個願景，該採取什麼必要的行動、學習什麼，或是下一步該怎麼做。於是我決定，往後朝著這個方向，投資自己的人生。

近年來頗受矚目的股票和基金投資，雖然並非毫無意義，但對於自己的投資，難道不是更重要嗎？投資指的不光是追求更多的金錢，也包括思考未來。該怎麼做？應當重視什麼？學習什麼？追求什麼？這些都可以作為投資的方法，融入日常習慣當中。

包含今天的每一天，會延續成為自己的未來。既然如此，我們應朝向自己的願景，規畫日常的食衣住行、工作、休閒、學習，思考自己今天應該做什麼。

於是我寫了這本書，想告訴你不應著重於眼前的金錢，而是將投資當作一種生活方式。

我在書中分享的，都是我所想到最容易得到回報的投資方式。倘若能為各位的未來盡一份心力，那將是我莫大的榮幸。

第一章

我認為，投資是……

1 思考當下的選擇，對未來的影響

接下來，我會把重點放在許多人關心的「投資」上。談到投資，我想多數人會先想到「賺錢」。

若用工作賺到的錢投資股票或債券，個人資產會因此時增時減；有人可能是為了存退休金而投資，這些都是為了累積資產而做的金融投資行為。另外，最近出現許多以小額投資為賣點的金融商品，坊間也增加不少相關的書籍，大都著重於探討對將來的規畫與準備。

但我對於投資的定義，跟賺錢有些不同。我認為，投資是指思考未來的

走向，並實際採取行動。也就是思考如何運用目前擁有的金錢、時間、知識及經驗，在日復一日的工作和生活中做出選擇，將未來引導至最佳的狀態。這就是我認為的投資，不單是指賺錢。

簡單來說，投資原本就是指投入自己的資產後，期待在未來獲得報酬。例如關於股票投資，投資人期望未來能獲得大筆收益，才將資金投入股市。這跟我對投資的定義——思考未來的走向，並實際採取行動，在本質上是一樣的。

另外舉個例子：其實日常的飲食方式，也是一種投資。我們每天都要喝水，這或許是生活中理所當然，且無意識進行的行為之一。然而喝水這個動作，就是為了維持生命、保持健康的投資。所以，當想到：「要喝什麼樣的水、攝取多少分量、該在什麼時候喝比較好？這對自己未來的健康會產生什麼樣的影響？」就會做出更好的投資考量。這時投入的資產，就是自己的思考能力。查詢、比較、衡量、下決定——付出這些心力，能獲得價值更高的報酬。

同樣的道理，思考哪些食物要攝取多少分量、可以透過什麼方式烹煮，對自己的體態和健康會產生哪些影響，也是能為自己帶來報酬的投資。不只是飲食方式，像是運動和睡眠的習慣，或平常工作、與人溝通的方法，以及蒐集資訊、打發時間的方式也是如此。

思考當下的選擇，可能會對自己的未來產生什麼樣的影響後做出行動，都是對自己的投資。

如果你什麼都不多想，隨波逐流的過日子，一心想著「只要現在過得開心就好」，這樣或許相對輕鬆，但也等於浪費了自己寶貴的時間和金錢。

若逃避對自己的投資，無論經過多久，都很難盼得自己期望的未來。即便每天只是踏出一小步，在時間的累積下，幾年後也會和完全不投資自己的人，產生相當大的差距。

「以後，我要是能變成這樣就好了……。」哪些選項，和你期盼的未來連接在一起？只要這樣問自己，就能知道自己現在應該專注在什麼事上。

沉著、理性的做選擇，然後孜孜不倦的行動，就是對未來的投資。

2 有意識的培養習慣

每一天對自己的投資，累積起來能改變你的未來，因此，培養習慣並且堅持到明天、一週後、一個月後，是自我投資的基礎。所以有意識的養成習慣，才能創造想要的未來。

當你考慮到未來時，自然想為此開始學習或改變，這會成為生活中的各種習慣，更進一步來說，就是建立屬於自己的規則。

從飲食習慣、生活節奏，到分配時間、購物，以及打發時間的方式，你得思考日常生活中的所有細節該怎麼做，找出自己的答案再訂下規則，並徹底遵守。

自己訂下的規則就該好好遵守——這聽起來似乎就得過著嚴謹、艱辛的生活；然而，當想到未來的自己，試著建立出「我可以這樣試試看」的規則時，應該也不禁會感到愉悅和期待。當冷靜的對自己說：「加油看看吧！」也多少能心有所託，進而習慣這樣的改變。

以我來說，我每天的習慣是：早起、邊聽廣播邊慢跑一個小時、下午五點以後不處理工作、吃完晚餐後外出散步等。

這些都是我為自己制定的規矩，也是對未來的投資，更是為了讓每天能舒適生活的習慣。

3 質疑昨天的自己

不過要特別留意的是，**習慣須適時更新**。比起把自己的習慣和規則當作人生解答，不如將它看作「今天這個時間點的選擇」，並非一旦決定就得貫徹到底。

因為，我們在這個世界上也是時時刻刻在改變。今天的自己比昨天的自己累積了更多的知識、經驗，增加不同的想法，年紀也增長一些；且社會局勢和科技，也每時每刻產生不同的變化。

我們身處在這些變化當中，必須時常思考有沒有更好的方法或選項——

該怎麼做，才能做出對未來更好的投資？按照現在的優先順序做事就好嗎？這個做法真的沒問題嗎？在摸索與錯誤中學習，想著「還是這樣做好了」、「從明天開始試著這樣做」，並在嘗試過不同的選項後，找出對現在的自己最好的做法。

要先有這樣的心理準備比較好：你必須每天更新自己的規則。可能有人會覺得訝異，規則要是這麼輕易就改變，那還有什麼意義？但這代表自己每天想做某些嘗試。

我也常對昨天的自己，和昨天的思考方式產生懷疑，反覆問自己：「這真的是最好的選擇嗎？」所以，我經常會這麼做：昨天還覺得正確的做法，今天就想改變，試試不同的方式。要改變自己的決定並不困難，有時反而會意識到「我找到更好的方法了」，而感到開心。

於是，我發現自己現在跟五年前的思考和生活方式，有很大的不同。每天一點一滴的改變，回過神來才注意到自己產生了很大的變化。

不光是生活習慣，我連思考方式都經常改變。當察覺到「我到昨天為止都還是這樣想的，但那只是因為自己的見識不足」，我就會立刻修正。

這麼做確實需要一些勇氣。即使可能被別人抱怨：「這跟你昨天說的完全不一樣。」我也只能坦然回答：「因為，我比昨天更長進了。」

所以我在本書中，並不會強調「這麼做就對了」，只推崇一種方法。

答案可能有一百或兩百種，甚至是一千種，唯一的正確答案並不存在。人生要是只存在唯一的正解，或許能過得很輕鬆，可惜沒這回事。因此，你決定要幾點起床都隨便你、想吃什麼都可以、要看什麼樣的書都行、收入多少都沒關係、想跟誰在一起都沒有問題。

重點在於，要自己設法找出答案。之後再下結論：「這或許才是正確的選擇。」並試著行動、遵守，且堅持下去。

4 自我管理，包括體態

前面提過，我對投資的定義是「思考未來的走向，並實際採取行動」。投資的對象並非股票等身外之物，而是自我本身。

徹底了解自我，充分思考，為未來的自己採取實際的行動，就是對自己的投資，也是應該列為第一優先、能獲得最大報酬的行為——並非為了增加資產，而是為了大幅度的成長，思考該如何管理自己的金錢、時間、心力與體力。

首先，自我管理可以說是最好的投資。其中，健康的身體和心靈，是所有投資的基礎。

即便從天上掉下一筆巨款，要是不幸臥病在床，也無法妥善運用；失去活力的身心，也不會想外出旅行；就算在工作上出現大好機會，在身心匱乏的狀況下，也無法做出好成績。

我為了讓健康狀態和體力等，更接近自己描繪的理想狀態，每天控管自己的生活習慣。這無關乎希望長命百歲或常保年輕等願望，而是想一直保持在自己能好好照顧自己的狀態。

不管是十年或二十年後，我期許自己工作時仍保有現在的體力，且每天早上神清氣爽的起床、晚上滿足的進入夢鄉。在未來年歲漸增時，也想用自己的雙腿行走，過上能自立的生活。這正是我衷心期望的未來。

其實，所有的自我投資，都是從掌握自己的現狀開始。

像工作上的自我投資，是從自我分析開始，分析自己缺乏哪些技能，為了成為理想的自己，還需要什麼樣的能力等。從目標（理想的自己）回推，歸納出今天應該做的事。

舉例來說，假設我想參加一場國際會議，但目前的英文能力只有日常會話的水準（現狀），所以為了提升英文能力（理想的自己），從現在起，未來一年的每天早上花一個小時上線上課程，練習英文會話（自我投資）。

這點在飲食、運動與睡眠等健康管理上也一樣。

重要的是掌握自己的體質與體型，了解現狀，學習相關的知識，並思考後實際用身體來嘗試，再選出適合自己的規則。了解、學習、思考、嘗試、選擇——只能透過這樣的循環，詳盡的探究自我。

即使是買賣股票，也要多聽專家的意見、閱讀相關書籍、關注急遽變化的市場趨勢，最終才能賺取報酬。若不夠熟悉投資對象，也不願意做功課，就難以獲得良好的收益。

5 好好吃飯

對健康的自我管理中最該重視的，就是飲食習慣。飲食能打造身體這個資本，也是生活的基礎，因此培養良好的飲食習慣是非常重要的。自己決定吃哪些食物、什麼時候吃、怎麼吃、吃多少，並自然而然的遵守這些規則，成為日常慣例後，也能達到穩定情緒的效果。

一開始的重點，在於獲得關於飲食的可靠資訊。

你可以詢問專業的醫生，或前往圖書館閱讀有關營養學或過敏反應的書籍。此外，利用 App 等應用程式，記錄飲食內容及當天的身體狀況，或計算營養攝取量，也是不錯的方式。不必盲目的用自己的身體做實驗，大可嘗試更有科學、醫學根據的做法。

此外，也**請對自己提問，傾聽身體的聲音**：「吃這個好像會不太舒服」、「晚上幾點後別吃東西，不然隔天早上會很難受」、「飯量應該不需要這麼多……」。早晚固定量體重也是很重要的一件事。

對飲食的投資，就是找出什麼樣的飲食方式，比較不容易對自己造成負擔，並讓身體保持在最佳狀態。今天的一餐，很可能影響到你未來幾年後的身體狀況。

自我管理沒有唯一的正確答案，會因人的體質、生活方式和目標而異，所以只有一一嘗試，找出最適合自己的方法，才能得出屬於你的正解。

嘗試的過程中，自然也有失敗的時候，你有時可能會覺得「這個方式似乎很難產生成效」。**一旦發現方法不適合自己，可立即修正做法**，思考「那下次就這樣做試試看」。跟金融投資不同，只要事先做點功課，就不至於出現太大的損失。

不只是飲食，我對生活的投資，就這樣從三十幾歲一路持續到現在。所以對於飲食、睡眠、運動的方式，都有許多自己決定好的規則。例如多品嘗當季的新鮮食材，或在晚餐後外出散步等，都是我花時間一一篩選出來，最適合自己的日常習慣。

因此我雖然隨著年齡漸增，感覺到集中力和爆發力不如以往，但健康狀況似乎跟以前差不多，能有精神的過生活，從來沒有明顯變胖，或累到身體動彈不得的狀況發生。

並且，我也一直提醒自己，現在此刻會影響到未來，所以會慎重考慮將來，仔細打造屬於自己的生活方式。

包括我在擔任《生活手帖》（按：日本知名的生活風格雜誌，作者於二

○○五年起，擔任該雜誌總編輯近九年）總編輯的時期，就算再怎麼忙碌、集中精神在工作上，每天的飲食安排我也絕不馬虎，從來沒有跳過三餐，或只求果腹而隨便進食。

因為對我來說，吃飯的優先順序遠在工作之上，這是我為了將來的自己做的決定。

要是健康出了問題，就會影響到工作，因此我也將重視飲食這個習慣視為理所當然。

不過，也不表示必須每天強迫自己「一定非要這麼做不可」，我如果遇到覺得「哎，今天這樣也沒辦法」的狀況時，就會乾脆的放棄，不會強迫自己一定要遵守訂好的規則。即便如此，訂定日常應有的樣貌，也成為我在生活中一項重要的人生指引。

讓我們用心找出對自己最沒有壓力的做法，以及在飲食、睡眠、運動上的自我管理方式。可千萬別輕忽這麼做的成效，請想像一下數年，甚至數十年後自己的模樣。

6 「我想做什麼」跟「怎麼做」得一起想

前面有提到，我在擔任《生活手帖》總編輯的時期，無論再怎麼忙碌，對吃飯這件事也絕不馬虎。但這並不代表我覺得買便利商店的便當就等於隨便吃、認為便利商店的食品一定對身體不好。

我只是單純喜歡自己選購當季食材，並下廚料理。沒有這個興趣，或實在沒時間，甚至是排斥下廚的人，大可趁休息時間去便利商店買便當或各種熟食。

聽我這麼說，各位可能會感到有些意外，但我認為影響身體健康的主要原因，是用餐情緒與飲食方式。也就是「怎麼吃」比「吃什麼」來得重要。

「什麼事」該「怎麼做」——我們在處理所有事時，都應該同時思考這兩個問題。

一般而言，大多數人容易聚焦在「什麼」（具體的事物或是行為）上。例如，多吃「蔬菜」比較好、別吃太多「零食」、要多讀「書」、別老是盯著「電視」看。像這樣只集中在「什麼」事物或行為上，雖然簡單易懂，但也容易受限於選項中，使想法趨向極端。

其實比起「什麼事」，「怎麼做」更加重要。

例如，「該怎麼」好好吃飯、「該怎麼」讀完一本書、「該怎麼」看電視？可能每個人都曾聽過「常看電視對自己不好」的說法。但這樣的說法太過武斷，讓我不禁心想：「真的是這樣嗎？」並再深入探討，「怎麼看」電視節目不好？反過來說，又要「怎麼看」才好？

我以追劇來舉例。

假如一整天都懶散的躺著看電視劇，確實算不上好好運用時間，只是在逃避現實和打發時間罷了。

另一方面，如果認真看電視劇的內容，產生獨到的見解，並在部落格上分享自己的想法，或許會是不錯的產出。既能深入觀賞一部作品，也可以為他人帶來影響，網路上的心得文也成為自我資產的一部分。

或是在看電視劇時，發現背景音樂特別出色，之後好奇的搜尋配樂是由誰創作，並購買那位音樂家的作品，甚至參加他的音樂會，走入一個全新的世界。或許這將成為改變人生的重要契機。

一樣是看電視劇，光是意識到「怎麼做」，可能就會衍生出全然不同的浪費與投資行為。不光聚焦在「什麼事」，也應同時考慮該「怎麼做」，如此一來，所有行動都將成為對自己的投資。

蔬菜的營養價值再高，品嘗時如果心情煩躁，身體也很難吸收；買了張再好的床，要是帶著壓力入眠，也很難提升睡眠品質；就算加入高級健身房會員，但一個月只到健身房運動一次，對身體也不會產生多大的益處。假如沒有經過充分思考，意識到應該「怎麼做」，只聚焦在「什麼事」上，即使採取行動，也很難獲得原本期望的效果。

同時思考「什麼事」該「怎麼做」，無論在工作或生活上，都是值得進行的投資。

7 判斷標準：「這件事能讓我學到東西嗎？」

關於自我管理，還有一個重點，那就是「學習」。學習，就是了解過去不明白的事物，自己也因此有所改變。

持續學習，在人生中是十分重要的課題，也是能促使自我成長的原動力之一。所以我在計畫一件事時，會根據「這件事能讓我學到東西嗎？」為判斷是否該進行的標準。

學習，指的不光是坐在書桌前讀書。

也包括試著徹底投入自己的興趣、愛好；跟不同的人談話、拜訪以前沒去過的地方、體驗新的人事物。無論是假日前往美術館，或來趟遙遠的異國之旅，都算是學習。這麼做除了可以滿足好奇心，還能透過吸收過去不知道的知識，為自己開拓未來。

學無止境，不過如果想迅速拓展視野，我建議可以多閱讀報紙。在眾多傳播媒體中，書報的資訊量最為驚人，網羅了各式主題，能從中掌握社會的即時資訊。

不過閱讀報紙時，若一次獲取大量情報會造成心理負擔，在忙碌的日常生活中，也很難一一閱讀完所有的資訊。

這時，可以只**快速瀏覽文章標題**，透過標題就能大致掌握新聞的內容，其中如果出現自己感興趣的標題，再細讀文章即可。要是想知道更多相關資訊，還可以試著搜尋情報來源，或到圖書館查閱專業書籍，開闊眼界。

8 明明是學習，心情卻像在玩樂

如果每天都學習一些新知，今天比昨天懂得多、明天比今天懂更多，就會逐漸變得更聰明。

然而不可思議的是，了解原本不知道的事後，你會發現不明白的事變得更多，並為此感到驚訝，且更加強烈的刺激到求知欲。

正因很難達到全方位理解的境界，學習之途才如此無邊無際。不過要是不試圖吸收新知，就難以發現自己還有很多不懂的地方。

我從三十幾歲起，開始學習日本和世界的歷史，至今已逾二十年。

我想人們就算花上一輩子的時間，也不可能全盤掌握歷史的軌跡，而且會越學越不明白、知道越多越感到好奇。

在這段期間，我閱讀了數不盡的書籍、聽過各方專家解說。每當了解更多，就越深感自己的無知，甚至為此感到挫折，有種就是為了體會這股挫敗感，才繼續學習的感受。

許多經營者或企業領導人之所以學歷史，或許是因為無論過去或現在，人們的諸多行為和內心追求的事物，都不會產生太大的變化。不管是在江戶或令和時代、在歐洲某處的小國或日本，人類這種生物都是一樣的。例如國王頒布什麼樣的政令、某國為何歷經失敗，或百姓如何改變歷史等，而所有事件都值得作為工作與人生的借鏡。

我覺得，當出現「想了解更多」的強烈動機時，學習行為本身會逐漸形成一種玩樂的氛圍。藉由了解原本不知道的事，並以滿足好奇心為樂，學習和玩樂間的界線會變得模糊。

想了解更多關於經濟的知識、學習現代美術、研究日本傳統藝能（按：日本自古代流傳下來藝術技能的泛稱），或查看最近在新聞上看到的企業資訊……一旦產生興趣，好奇心是停不下來的。

除了思考「為了讓自己更加成長，我該學些什麼」，有時單純只為了滿足自己的興趣、欲望而學習，也能意外為未來的自己，開拓出一條更加幸福的道路。

9 點和點最終會連成線

持續學習相同領域的事物後，有時會出現「點和點之間終於連成線」的想法，產生「啊！原來如此」的感覺。當了解到事情的本質、新的發現，會令人忍不住發出感嘆。

這種恍然大悟的感覺，是只屬於自己的發現。到了這樣的境界，無庸置疑是投資成功的證明。

我在二十幾歲時，空閒的時間特別多，工作上也沒什麼亮眼的表現。因為我高中輟學後就跑去美國混，實在沒什麼值得一提的經歷。

閒得發慌的那段時期，為了打發時間，我沉浸在電影和書籍的世界，同時也領悟到幾次恍然大悟的感覺。

「原來電影是這樣的娛樂」、「這就是古典嗎」……每當閃過這些想法，我都會深切感受到學習帶來的充實感。

為了忘記令人心煩的瑣事，我大量吸收新資訊，久而久之，也多少能掌握那些事物的本質。雖然當時還沒注意到這就是對人生的投資，但也實際感受到，這些都成了我人生中的精神糧食。

我在二十幾歲時發現到，學習大量新知能有效刺激發想，這到現在對我也有很大的幫助。

例如，先前突然收到要拍紀錄片的消息。

我過去當然沒什麼拍攝影片的經驗，所以一開始確實很擔心。不過我已經知道，只要大量接觸某個領域的新知，就會有新的發現。所以我先找一堆紀錄片來看，從紀錄片電影的經典名作到最新作品，都一部部的認真看完。我相信這麼做，會產生新的發現或靈感。

不知道看到第幾部時，我突然意識到：「原來這就是紀錄片！」突然了解到「只要這麼做就行了」——什麼是紀錄片電影、其中需要哪些要素、只要這樣表現就行了……注意到這些事後，我就將它們好好運用在工作上。

據說日本導演伊丹十三在拍攝首部執導的電影《葬禮》前，就看過所有被稱為經典名作的日本電影，並在其中領悟到，一部電影之所以能成功，在於包含「有趣且實用」的要素。這不也是一種發現嗎？

我在擔任《生活手帖》的總編輯時，整天思考雜誌上要刊載什麼內容，不斷吸收新的生活資訊，持續學習，有時會豁然開朗，出現「原來讀者要的是這些」的靈感。我想，**這正是累積一定基礎，才會發現到的事**。我依照這些想法調整雜誌的內容後，雜誌的銷售量也跟著大幅提升。

這種感受，現在是我在集中學習某個主題時，重要的目標之一。

在學習新領域的知識時，為了獲得這樣的感受，我總是不斷的接收新資訊。這些探索與發現，將成為只屬於自己、伴隨一生的寶藏。

這不只能運用在電影等創作領域，也可以活用在所有工作的學習上。只要有具體的目標，持續投資，在未來的某一刻，你會因此出現許多靈感。

耗時費工的學習過程，將帶領人們體驗恍然大悟的瞬間。這種只屬於自己的成果，必定也能創造出你的獨特性。

10 主動認識成功人士

與許多人相遇，接觸各種價值觀，學習其生活方式和智慧，這些都會對自己的未來產生影響。由於這麼做能夠讓自己成長，也同樣屬於自我投資的行為。

我在二十幾歲時，對高中輟學的經歷懷抱著強烈的自卑感。沒有家世背景、沒有學歷、也沒有任何資格證照，這令我感到羞愧，所以總想從厲害的大人身上學到什麼。

為了達到這個目的，我決定每天認識一個原本不認識的人。這樣一整年就能認識三百六十五個人，也就能從三百六十五個人身上學習。

積極主動認識和請人介紹之後，我結交到一些重要的朋友，並且也和許多值得尊敬的前輩結緣。他們讓我看見過去未知的世界、令人憧憬的生活方式，或金錢管理的訣竅。正如當初所料，我學到許多不同領域的新知。

不過我到了現在五十幾歲這個歲數，自然已經不再有「誰都可以，想盡量認識更多人」的想法。或許是因為現在的我，已經找到能對社會有所貢獻的領域，並且擁有具體的願景。

畢竟當時的我，連怎麼抓住希望活下去都不知道，也不太清楚該如何取悅周遭的人，每天就是拚命努力，想成為一個被他人需要的人。除了想透過向周遭的人學習，多少填補一些學經歷上的自卑感，也想從別人身上看到足以受用的價值觀。

認識許多人，並且和他們交談後，讓我了解到自己會感到特別佩服的特

質，以及想怎麼過生活、想要什麼樣的人生等，屬於自己的價值觀，也對我現在的生活方式，產生了很大的影響。

此外，有時我在過去並不十分理解的事，在經過數年，甚至數十年後，會突然回想到：「啊！那個人運用金錢的方式很值得參考。」

二十幾歲時與許多人相遇，從他們身上學到許多東西，對我而言真的獨具意義，這是現在年過五十的我，仍會不時浮現的想法。

11 製造和他人相遇的機會

對我來說，旅行的其中一個目的是與人相遇。簡單來說，旅行就是我交朋友的方法之一。

我的旅行方式，可能跟別人有些不一樣。

每當抵達一個未曾造訪過的地點，我會做的不是依照旅遊指南，前往當地的觀光名勝，而是先決定好在當地生活的據點，並盡可能逗留一段時間，認識住在當地的人，跟他們交朋友。那些人會告訴我那個城市和國家最有趣的事，帶我接觸他們的文化，而我藉此吸收新的價值觀。

在找個地方落腳、生活一段時間後，原本只是觀光客的我，與當地居民之間的藩籬會逐漸消失。我當然不會講當地的語言，不過只要表現出「想跟你們交朋友」的熱忱，就算只能用簡單的英文單字溝通，不可思議的也能對話；即使我說話不太流暢，但想法基本上都能傳達，這也是我在旅行中實際學習到的一件事。

我在二十幾歲時，就這樣認識了不少人。他們都非常厲害，我覺得自己和他們差了一大截，並自然而然的心生敬意。我透過認識他人，發現很多可以學習的事，也逐漸感受到自己的改變，每一天都有所成長。今天會遇到什麼樣的人？還能學到什麼？每天都感到十分有趣，並且充滿期待。

當不知道自己擅長什麼，或不知該往何處前進時，不妨製造一些和他人相遇的機會，認識一些新朋友，了解、尊敬不同的價值觀與人生樣貌。當你坦然面對這些事，自然會對自己造成一定程度的影響。
從他人身上學習到的事物，必定會為未來的自己指引出一條明路。

12 三十歲的我，感謝二十歲的投資

我在二十幾歲時不斷學習，到了三十歲後，這在工作上為我帶來很大的幫助。**這近十年學習到的事物，全擠在同一個抽屜裡，不知不覺塞了滿滿的知識。**

無論是我開了家小書店，還是能靠寫文章賺點錢的時候，只要拉開那個抽屜，就有取之不盡的好點子，像靈感的湧泉：「從那部電影的某個場景，我學到了這些事」、「那些厲害的人，他們是這樣用錢的」、「某個國家有這種根深柢固的文化」、「一本好的雜誌跟書籍，內容會是這樣的」……。

我曾經一個月在十五本雜誌的專欄上寫文章，每天被截稿時間追著跑，完全沒有時間好好休息，更別提學習的時間也大幅減少。但即便如此，**我也從來不曾覺得「沒東西可寫了，真傷腦筋」。**

三、四十歲的我，做著二十幾歲時從未想像過的工作。我想，年輕時的自己沒有虛度光陰，而是持續學習，正是一種對自己的投資行為。

正因如此，我才主張，沒有其他方法像對自己的投資一樣，能獲得這麼大的報酬。

第二章

如何讓金錢喜歡你

1 金錢的本質是信用

我認為，比起投資金融商品，不如投資自己。我在第一章中談到，投資不是為了增加金錢，而是為了創造出自己的樂趣、生活目標，以及作為人生基礎的身心靈健康。

投資的本質是思考未來，為此我們必須養成自我管理的習慣。投資自己是透過學習提升自我，我們必須了解其重要性，並將學習到的知識運用在自己的興趣和工作上。除此之外，我們應該透過旅行或從他人身上汲取經驗，坦然的接受周遭事物對自己的影響。

最終，上述這些要素會在未來塑造出理想中的自己。

在本書中，我並未提供投資金融商品的具體方法。基本上，我反對人們陷入這種讓情緒劇烈起伏的金錢遊戲，我覺得將時間和金錢花費在這種遊戲上，是一種浪費。

即使你可以不上班打卡就一夕致富，但不是自己努力賺來的錢，不會讓你感到快樂，最重要的是，它不會讓你有所成長。當然，我知道專業操盤手有付出相對的努力和辛勞，但我認為這只是極少數成功人士的案例。

那麼，人們就不應該重視金錢嗎？

當然不是，人還是需要最低限度的金錢才能過生活。金錢和時間可用於投資自己，就像投資的本金，兩者皆是一種財產。

首先，讓我們來思考金錢的意義。對我們而言，金錢是什麼樣的存在？

如果你過去沒有認真思考關於金錢的問題，那你可能只把錢當作能讓你獲得想要的東西的工具。由於金錢可以滿足自己的需求，因此人們總會認為錢越多，日子就會變得越自由、過得越快樂。

但是，金錢並沒有想像中那麼簡單。

我認為金錢並不是滿足欲望的工具，而是一種「票券」。當你想要一樣東西時，就必須出示該票券作為交換，上面還蓋有名為「信用」的印章（你因為被信任而被授予「信用」），你可以在一定的範圍內自由使用它，這就是金錢的本質。一千日圓的紙幣代表一千日圓的信用，一萬日圓的紙幣則代表一萬日圓的信用（按：依二〇二二年十一月初匯率計算，一日圓約等於新臺幣〇．二二元）。

那究竟是誰在票券上蓋上名為信用的印章？答案是「社會」。而你是被蓋印章的對象。金錢是一張社會交給你的票券，意味著「我們信任你，所以你可以自由的使用它」。

人們常說：「金錢的本質是信用。」你能獲得金錢，意味著你使用金錢的方式是值得信任的。就像名演員的戲約會接踵而至一樣，善於使用金錢的人自然會吸引金錢。

2 信用無法速成，得靠累積

當每個人在使用金錢（也就是前一節提到，蓋上信用印章的票券）時，都會受到社會的監督——你在使用金錢時是否會深思熟慮？用錢時是否不僅為了自己，而會顧及他人和社會的利益？你是為了創造美好的未來而花費金錢嗎？在購買物品時是否會謹慎挑選，不會選擇很快變成垃圾的東西？

如果你通過上述條件，就代表你累積的信用會增加，而這意味著你會獲得更多的票券。十張會變成二十張，然後變成五十張，最終你將變得富有。

資產家擁有大量的金錢（票券），並用於提升自我、改善社會，或為了自己公司的員工而使用。

反之，如果你花錢購買價值低的物品，會失去社會對你的信任。社會會認為「即使把金錢交給這個人，也不會用在有意義的事物上」，如此一來，你獲得的票券數量將會減少。

假設這個月你拿到了十張票券，但把它們用在沒有附加價值，或純粹讓你感到開心的消費上，那你將受到社會的制裁。在不遠的將來，你能獲得的票券會減少為五張；如果你繼續浪費，將減少為三張；最後，倘若你依然沒改善使用方式，那麼你能獲得的票券最終會歸零。

來自社會的監督是非常嚴格的，而一個人的性格會透過消費方式一覽無遺，很難作假。你必須不斷問自己，此刻花錢買的東西，是否背叛了社會對你的信任。

3 拿到薪水時，你怎麼使用？

同樣的道理，你從公司領取的薪水（蓋上信用印章的票券）也會隨著使用方式而增減。公司每個月會將薪水匯至你的戶頭，根據使用方式的不同，將來你獲得的金錢也會有所改變。

正如第一章所述，如果你將金錢用於每日的自我管理，它會反映在你的身體狀況上，讓你能精力充沛的工作；如果將金錢用於磨練自己的工作技能，你的工作績效會有所提升，並帶來更好的成果；透過閱讀書籍和觀賞電影吸收新知，不但能提高學習動力，還能產生為社會做出貢獻的意識，拓寬自己的視野。

根據使用薪水的方式，上述的變化會自然的表現出來。如果你做出好的投資行為，社會會判斷你是一個值得信賴的人，並認為「可以嘗試給這個人更多的票券」。

因此，如果你正為低薪感到困擾，比起「如何賺錢」，我會建議你**先審視自己「如何花錢」**，應該如何使用每個月扣除必要費用後的一點餘額？你是否能以更有意義的方式花費金錢？什麼樣的投資方式，能讓你與周遭的人共享喜悅？如果你思考上述問題，並逐一改善，相信你從社會獲取的票券將會增加。

請記住，我們必須將金錢用於投資自己。如果只是為了滿足自己的欲望而消費，這跟把錢扔進水溝是一樣的。

然而，金錢並非擁有越多越好。如果社會交付給你的票券越多，就越難善用。

社會基於信任將大量的票券託付給你，你則要持續做出有意義的投資，並通過社會對你的考驗。這是一項艱難的任務，也是一個令人頭痛的問題，因此，你的幸福感並不一定與持有的金錢成正比。

一般來說，有錢人是指能妥善運用社會託付的資源的人，他們具有積極與樂觀進取的態度。這些人重視社會責任，不會隨意的揮霍金錢。

我周圍被稱為資產家的人，總是在思考如何使用金錢，一直在尋找更好的運用方式，且不抱任何自私自利的想法。如果能有更多人具備這種心態，社會就會更進一步發展。

金錢的有趣之處在於，**除非你使用它，否則它不具有任何價值**。現在錢包裡的一萬日圓紙幣，在這一刻它並不值一萬日圓，頂多只是一張成本約二十日圓的印刷品。

但是，當你把一萬日圓從錢包拿出來，並試圖用它消費的瞬間，這張紙就會變成價值一萬日圓的紙幣。使用它時，它的價值是一萬日圓；但如果不使用它，它只值二十日圓。

4 你現在的工作能為多少人創造感動？

我們究竟是以什麼東西換取蓋上信用印章的票券——也就是收入？為什麼我們可以透過工作賺到錢？

答案是：「因為我們給予人們感動」。

收入的方程式是「**感動×你打動的人的數量**」——根據為多少人帶來了多少感動而有所增減，例如帶給他人「好厲害」、「好高興」、「得救了」、「好有趣」等正面情緒，與在工作上投入的時間和運氣無關。

職業運動選手每年能賺進數十億日圓的報酬，是因為他們的表現能感動世界各地的人們。由於根據收入方程式「深刻的感動×世界各地的人」得出的數字非常大，因此造就了運動選手的高收入，這就是世界上的法則之一。

那麼，不從事像運動選手或藝人那樣光鮮亮麗的工作，就無法增加帶給他人的感動嗎？並非如此，即使不站在舞臺的鎂光燈下，你依然可以透過現在的工作做到這點。

為此，你可以從明天開始改變自己的工作方式，比起煩惱如何感動廣大的世人，可以先嘗試為周圍的人帶來感動。

你能為他人帶來多少感動，不僅取決於工作內容，還取決於你多認真看待自己的工作。因此，為了帶給他人感動，我們首先要努力工作。

你可以透過提升提案、溝通、操作器械、接待客戶的工作品質等，將感動帶給你的職場同事、合作夥伴與客戶。若你因此被認同，即使不換工作，收入也能增加。

例如，我過去曾當過大樓清潔員，如果我的工作能讓他人感動，並讓別人覺得「這位清潔員做得實在太出色了」，那我就會受到關注或被挖角，最終，我的收入會跟著增加。

請試著思考，你現在的工作能為多少人帶來多少感動，並為自己帶來多少收入？在你進行投資前，必須了解世界上最基本的這個原則。

5 我該花多少錢投資自己？

現在你已經了解了前述的原則，接著就讓我們來具體思考金錢的收入和支出。

如果你在一家公司上班，那麼每個月會拿到固定的薪水；即使你是自由接案者等沒有固定薪水的人，對未來幾個月的收入也多少心裡有底。我們必須自行決定，如何將這些有限的資金投資在自己的未來上。

金錢的使用方式可分為四種：消費、浪費、儲蓄和投資。

- 消費：為了生活中的必要開銷花錢，例如房租、伙食費和水電費等。
- 浪費：無目的且衝動的花費。
- 儲蓄：存錢。
- 投資：著眼於未來使用金錢。

你必須搞清楚自己能花多少錢在投資上——從月收入減去消費和儲蓄，就是當月可以自由使用的金額。

因此首先，要決定「消費」的金額。假設你的月收入為二十萬日圓，那麼你必須思考，相對應的「消費」金額為多少。

你可以花幾個月的時間記帳，統計自己的實際開支後，決定每個月花多少錢在伙食費、消耗品和生活用品上。例如，若你覺得房租十萬日圓太貴，就改承租五萬日圓的物件。當你發現消費金額太高時，可以審視是否有可以節省的地方。透過上述過程，你能確切掌握自己每個月的支出。

接著，因需求不同，有些人可能需要「儲蓄」（在後面的文章中，你可以閱讀到更多我對於儲蓄的看法）。在緊急的情況下，例如當你無法工作或發生重大事故時，儲蓄可為你提供保障。你可以設定一個儲蓄的目標，例如**六個月或一年的收入**，然後每個月都固定存錢，直到達成設定的金額。

把收入減去消費和儲蓄後剩下的，就是你可以自由使用的金錢，要將這筆錢用於投資或浪費，皆由自己決定。

6 增加收入的方法

如果你想增加可用於投資的資金，則必須減少「消費」或「儲蓄」，或增加自己的收入。

當然，每個人有不同的收入需求，會因自身的價值觀、年齡、家庭結構和居住地而有所不同。

因此，每個月二十萬日圓和每個月一百萬日圓的收入，後者不一定可以進行更多投資。如果有人認為一個月二十萬日圓就足夠了，那麼對他而言，這個數字就是適當的金額。

但當你希望每個月有一百萬日圓的收入時，則須制定出明確的理由。如果你只是想擁有更多金錢，那就只是單純的欲望而已。若不知道要將錢花在什麼地方、不清楚要進行什麼樣的消費或投資，即使你每個月得到一百萬日圓，最終也無法實現目標，而是失去目標。

一旦你想清楚「為什麼要增加收入」，就可以開始思考如何增加收入。

假設你目前的月薪是二十萬日圓，首先要思考須做什麼，才能將收入增加至三十萬日圓，然後制定投資自己的計畫，逐漸使自己的工資提高到五十萬日圓，甚至是八十萬日圓。

如果你想換工作，且心目中的理想職位需要專業證照，那麼為了考取證照，你必須制定相關計畫，並到學校學習。

若你希望在目前的公司表現活躍並藉此加薪，請思考如何為周圍的人帶來感動。你可以磨練自己的技能，像是學習英文或會計知識，增加對公司的貢獻；或學習特殊技能，使自己成為有價值的人才。

像這樣為了理想中的未來而花錢，是屬於投資行為。為了增加自己的收入，我們必須投資自己，並付出相對的努力。

但是，沒有人可以具體告訴你增加收入的方法。如果有人說能傳授增加收入的祕訣給你，對方很有可能是騙子，又或為了做你的生意才這麼說。

增加收入的唯一方法就是自己動腦思考、自發學習，並自行確認。以上就是投資的基礎。

7 三十九歲以前，戶頭裡別放太多錢

該分配多少收入用於消費和投資？這沒有絕對的答案。

同樣的，每個人應該存多少錢也沒有正確解答。但在現代社會，你永遠不知道下一秒會發生什麼事。因此你最好準備一筆儲蓄，當失去收入時，這筆資金能幫你度過非常時期，甚至避免背上債務。不只是我這麼說，很多理財書籍中也有提及類似的概念。理想情況下，將儲蓄金額定為半年收入是很安全的做法。

另外，我認為一個人在三十九歲前不需要太多儲蓄，在三十多歲時，你必須將大部分的收入投資在自己身上，而不是放在儲蓄帳戶中，這種大膽的做法才會讓自己成長。

這聽起來可能很極端，但在還年輕時，與其選擇儲蓄，**將收入用於投資自己，能在未來獲得更大的回報**。

我們三十幾歲時，精力充沛、身強體壯，具有高度的專注力和行動力，能迅速的從經驗中汲取教訓。最重要的是，三十幾歲的我們還有很長一段未來。倘若年輕時不斷投資自己，充分學習、體驗並成長，在以後的幾年或幾十年，你將更接近自己的理想。

因此，我認為將儲蓄用於投資自己並不是一個糟糕的選擇；反而在年輕時把原本能投資自己的錢變為儲蓄，並不具有太大的意義。

不過步入四十歲後，你的健康可能會開始走下坡，此時我們要為無法工作的風險做好準備。所以四十歲後，儲蓄金額可提高為一年的收入。

若你還年輕，儲蓄過多也不好，**如果你的存款太多，就說明你對自己的投資並不到位**，所以要仔細審視自己的儲蓄。

擁有儲蓄，能令人感到安心，換句話說，它就像一種鎮靜劑，但鎮靜劑終究是藥，所以適量就好。

如同前面提及的，每個人需要多少儲蓄，會根據自身的財務狀況和家庭情況而不同。有些性格謹慎的人可能會想提早開始存錢，有的人則想確保有足夠的錢作為小孩的教育費用。

但無論如何，我們沒有必要漫無目的增加儲蓄，儲蓄只是一種準備，你應該思考的是，如何將資金用於投資。

8 關於大家都在討論的長期投資

雖然我曾說過不太推薦投資金融商品，但這並不代表你絕對不能這樣做。有時為了了解金融、社會和經濟的趨勢，或支持某間企業，試著買股票和基金絕非壞事。對於那些透過緣分而建立起關係的公司，我會懷抱著鼓勵的心態投資它們以示支持。

但如果你的目標是賺錢，那我就不建議投資金融商品。正如我所說，我也會買股票，不過我不會定期看盤，也從不考慮獲得報酬。我甚至沒有挑選過股票，而是若有朋友問我：「松浦先生，你能支持我的公司嗎？」那我就會在能力範圍內購買該企業的股票，對我來說只是一種緣分而已。

想透過金融投資增加財富需要相當長的時間，除非你的目標是透過當沖賺錢，否則投資股票和基金，都須等待二、三十年才能獲得可觀的報酬。

把錢花在屬於長期投資的金融商品上，等於是放棄了當下的快樂生活和眼前的未來，可說是本末倒置。

如果你想為三、四十年後做準備，所以購買金融商品，但反而讓生活變得拮据，或放棄學習新知和感興趣的東西，那**也只是增加手頭上的金錢，自身卻毫無成長**。

此外，當你在未來賺到一筆錢時，年老的你可能已經生病了，因此也無法感受到花錢的樂趣。

與其將錢投入金融商品，不如從現在開始投資自己，並期許未來的自己能成長，這樣的做法不但能使你更快樂，收入也肯定會增加。你可以在年輕時學習許多未知的事物，讓你在未來獲得各種報酬。比起讓情緒隨著股市高低起伏，看一本書反而能獲得更多回報（當然，閱讀是為了求知，而非計較得失利弊）。

如果你的目標是賺更多錢，並且處於能努力工作的年齡，那你應該認真思考「工作」（為社會做出貢獻），而不是著眼於金融投資。

最理想的方式是思考五或十年後的職業生涯，並磨練自身的技能、增加自己的知識、改變自己的思考方式，在享受生活的同時開闢一條新的道路。

9 收入很低的那段日子，我這樣花錢

現在不是一個經濟高速成長的時代，也不是一個照前人的路走，就可以安心生活到老的時代。

從二〇二〇年開始，世界上所有人都被迫對抗新冠病毒，造成許多人在經濟上遇到困難。

在這個不穩定的時代，我相信「如何花錢」變得非常重要。接下來我會談到，當你的收入減少，且工作前景不確定時的守財之道。

當你為錢發愁，或收入減少時該怎麼辦？首先你要做的是「節儉」，省下不必要的支出：先記錄一至兩個月內生活中的所有開支，接著觀察後將無謂的支出節省下來。

然而，如果節儉過頭，就會產生壓力，所以你只要抱著「盡可能削減開支」的想法就夠了。當你在記帳時已經在面對現實，內心抱有危機感，就會改變日常中的消費意識。

開始節約時，有一件事須特別注意，那就是永遠不要讓資金停止流動。減少開銷的同時，也要在這種情況下，找到金錢的最佳用途。

換句話說，當你在節儉過生活，必須常檢視自己的消費是否合適、是否有浪費金錢的行為，且無論生活過得多苦，都不該將投資自己的金額歸零。

回首過去，我即使在收入很低時，依然會持續投資自己。我繼續旅行、閱讀書籍、接觸人們。我幾乎不存錢，將所有金錢都花在自己身上。當我逐漸淡忘那些日子，過去學習的成果會幫助未來的我，使我成長，我為金錢苦惱的日子也因此逐漸減少。

若你的日子不太好過，請假設這樣的情況會持續一年，並決定好消費方式與金額後，就可以計算出自己每個月的開支大約是多少。

接著須仔細思考以下每一項問題：我的收入與存款能維持自己的生活嗎？如果花的錢比賺到的多，處於虧損狀態，每個月會產生多少負債？是否能用現有的儲蓄來補足開銷？能將手頭上的金融資產兌現嗎？只是等待就能熬過去，還是須採取行動，積極做出改變？

當你知道自己的收入會減少，應儘早思考上述問題，因為**替未知的未來做準備很難，為已知的未來做準備卻相對容易**。

勇於面對金錢問題並計算出實際數字，好處是能避免陷入焦慮；此外，還可以幫助你在初期傷害較淺的情況下快速應對。金錢問題就像會重症化的疾病一樣，在剛發病時到醫院就醫很快就能痊癒，但如果抱著「沒關係，船到橋頭自然直」的想法，拖著不處理，最後將變為重症。

正是在現今這個時代，若發生意外，我們更應該保持冷靜並迅速應對，絕對不要拖延。

10 對待金錢要像對待喜歡的人

我經常強調與金錢保持良好關係的重要性。如果你與金錢相處良好，它就會一直待在你身邊，並在你需要它時成為你的盟友。

那麼，要怎麼做才能讓錢喜歡你？假設金錢具有人格，你的花錢方式必須讓金錢感到「我喜歡這個人對待我的方式」。換句話說，**對待金錢要像你對待喜歡的人一樣**，須溫柔謹慎。如果你不會冷淡的對待喜歡的人，那麼同樣的，你不該用無情的態度對待金錢。

如果想讓金錢感謝你，請試著檢視自己的消費和投資方式，並詢問自己花錢時是否有尊重金錢。

總是審視自己的花錢方式，是被金錢喜歡的必備條件——檢查自己花的每一分錢，確認消費方式是否妥當。

你與金錢的關係就像與他人的人際關係，你必須擔心它、照顧它且小心對待它。

此外，如果想得到金錢的眷顧，就要誠懇的看待自己的工作。人們通常是為了得到收入而工作，倘若對自己的工作抱持忽視或瞧不起的態度，最終金錢會離開你。

那應該在工作上展現什麼樣的態度，才能與金錢建立良好的關係？你需要這三個條件：**熱情**、**行動力和耐心**。

首先是**熱情**。

當你想到熱情時，可能會在腦海中浮現「激烈」和「無法控制」的印象。

但熱情並不是一種不受控的情緒，而是為了實現未來的願景而努力拚搏的心態。工作中的熱情，是指堅信未來將獲得具有價值的輝煌成果，並無論如何都要朝著目標前進的態度。

你在職場上，可能會被詢問「你有什麼樣的想法」、「你想提出什麼樣的企劃」、「你的提案能為我們帶來什麼樣的益處」，但其實對方真正想了解的是你對工作的熱情，永不放棄的精神與龐大的熱情才能感動他們。

熱情就是一種對未來的願景，是永不放棄的使命感。如果你無法感受到自己的熱情，代表你對未來的願景有些模糊，這時候你必須停下來，花時間思考一下。

接著是**行動力**。

在工作中發生問題和錯誤是家常便飯，但比起進展順利，當事情發展不順時，更考驗自己的行動力。

犯錯後你能多快邁出下一步？犯下的錯誤越大，人的心情會越鬱悶，而在犯錯後是否能迅速行動，將對日後產生很大的影響。

當你犯下嚴重的錯誤時，首先請立即找當事者當面道歉，並誠實的告知對方真實情況。有些人可能會認為應該等所有相關人士都到場、準備好必要文件，並換上正式西裝再道歉才有禮貌，但這些其實都不是重點。如果回家換西裝會拖延時間，不如直接穿著當下的衣服向對方道歉。

此外，不僅是面對問題的時候，日常的工作品質也與行動力息息相關。有時不能只是坐在電腦前敲鍵盤，工作時如果出現讓你感到疑惑的地方，你可以親自到現場確認，或和相關人員直接溝通。這些行動會提升你的工作品質。

最後是耐心。

我們不能被事發當下的衝動和情緒控制，當你陷入困境，對此越是感到迷惘和憤怒時，就越需要忍耐。

有許多人會說，當你被不合理的對待時可以生氣或直接離席，畢竟這攸關自身的尊嚴。但我不這麼認為，當場發火只是抒發當下的情緒，並不會為工作帶來任何好處。

我曾問過一位老闆：「經營公司最需要的是什麼？」他回答：「耐心。」這樣說或許很失禮，但從這位老闆日常的行為舉止來看，我實在無法想像他忍耐的樣子。因此說實話，當時的我並不是很理解這個回答。

不過後來，我從他人的口中聽到這段故事。

這位老闆過去曾接到一位客戶的電話，且講了很久，客戶盡說一些不合理的抱怨，這位老闆被大量的攻擊性話語無情砲轟。但他沒有生氣，也沒有反駁客戶，而是靜靜的聽客戶說話，並禮貌的回答對方，從頭到尾都是用真誠的態度應對。

告訴我這個故事的人說，他對於這位老闆能忍這麼久感到印象深刻，如果是他遇到這種纏人不講理的客戶，絕對無法像這位老闆一樣完全不反駁。

也許這位客戶因為把想說的話都說了，認為這位老闆有傾聽自己的想法，便因此感到滿足，而他之後還有可能成為這間公司的大客戶。

耐心指的不是忍耐，而是指「努力」。培養耐心，不是指壓抑自己，而是要抱著繼續加油的心態。因此具備耐心的祕訣就是：與其將耐心視為壓抑，不如將其視為努力。

另外，有人說憤怒在六秒後會消失，所以**當你想發脾氣時，不妨先在心中慢慢數六秒**，以避免被憤怒左右或衝動的爆發怒火。

我們在日常生活中，經常會遇到不合理的狀況和失禮的態度，當然，在事發當下你的情緒會有所動搖，但要記得提醒自己，這種情況在生活中很常發生。保持耐心的關鍵是盡最大的努力堅持下去，並保持冷靜。

熱情、行動力和耐心，是與金錢建立良好關係的三個基本要素。

由此可知，無論在工作上，還是與金錢的關係上，朝著自己相信的目標前進、迅速行動，並堅持不懈是很重要的。

11 所有物品都有人格，請溫柔對待

我不確定金錢是否喜歡我，但至少，我會以不被金錢討厭的方式生活。我努力工作，盡可能不浪費錢，而且總是告誡自己不要貪婪。

如果我是錢，我會喜歡那些對我好的人，因此，我總是小心謹慎的對待金錢。

例如，我不會隨手扔錢包，給香油錢時也不會用丟的，而是盡可能溫柔的將錢放下，減少衝擊力。就像人們被粗魯對待時會傷心一樣，如果不好好對待金錢，金錢也會感到難過。

不僅是金錢，我認為所有的物品都具有人格。所以，我不會隨手亂扔鑰匙、眼鏡、手機或其他任何物品，也不會將它們到處亂放（我只會保留對我來說真正重要的東西，所以我不會粗暴的對待它們）。

我這麼做，不僅是自己希望能被物品喜歡，而且我對金錢和物品懷著感恩之情。金錢和物品都是能幫助我們的工具，當我們使用這些工具時，它們能協助使用者成長，使我們做事時更順利。這就是為什麼我們每天都要**以感恩的心對待它們**。

我們從小就會被教導，不可以跨過人或是食物，應該要繞過放在地板上的東西。我的父母在我小時候就是如此教導，如果我扔錢會被罵，用腳跨過物品或粗暴的對待東西時，也會被教訓。我們必須小心謹慎的對待物品，並心存感激的使用它們。

正是因為這些教導，我很自然的就懂得如何與金錢和物品相處。

12 我這樣工作，那樣生活

你有想過如何使用自己的金錢和時間嗎？面對上述的問題，我希望每個人都有自己的答案。大家應該自己動腦思考，找出一個自己也滿意的解答，並隨著時間推進，更新使用方式。

如果你持續思考這個問題，最終，金錢和時間都會站在你這一邊。金錢和時間都相當寶貴，僅擁有其中一方是不夠的。雖然我在本章中，是從大家都熟悉的金錢開始談起，但這並不代表時間不重要，「如何使用時間」與「如何使用金錢」一樣重要。甚至若要決定優先順序，我認為**時間比**

起金錢更重要。

只要我們努力工作，就能增加收入。即使你大肆揮霍，只要重新開始努力工作，好好管理資金，就可以將錢賺回來。

但是，沒有一個有錢人可以增加他們的時間，每個人一天的時間都是一樣的，無論你每天多麼努力工作，又或每天遊手好閒，一天的時間都不會增加或減少。此外，已經浪費的時間是無法改變的，無論事後多麼後悔，你都無法挽回已經失去的時間。

顯然的，時間是有限的。這就是為什麼我認為時間比金錢更具有價值。在投資自己時，**最關鍵的是「在什麼事上花費多少時間」**。

談到時間，首先要注意的是不要浪費時間。

浪費自己有限的時間實在非常可惜，在採取行動前，我總是盡可能的思考現在應該做什麼，以及如何利用時間，來創造一個更美好的未來。

當然，我不會逼自己以分鐘為單位來管理行程。不須對自己過度嚴格，但為了避免在不知不覺中浪費時間，還是要經常審視使用時間的方式。

而比較有效的做法，是**建立自己的時程表**。

我一年三百六十五天的生活幾乎都維持相同的節奏，每天都在同一時間起床、同一時間吃飯、同一時間睡覺。

我每天的生活都沒有太大的變化，一大早就會開始工作，需要靈感的工作我會在中午前完成，在傍晚五點下班。我會和家人共進晚餐，並於用餐後出門散步。

在考慮到自己的工作方式與身體狀況，且進行了各種嘗試後，我找到最理想的時程表，並每天都照著這個安排過生活。

而堅持自己的時程表看似簡單，**卻可以讓你每天保持在最佳狀態，減少「我今天浪費了寶貴的時間」之類的遺憾。**

13 先決定不做什麼、不花什麼

金錢和時間都是有限的，因此，你需要深思熟慮後再用它們投資，如果你沒有意識到金錢和時間的重要性，往往會在不知不覺或衝動中做出浪費的行為，當你回神過來，金錢和時間都已經被浪費掉了。

因此最重要的是，**明確決定「不花錢在什麼事上」和「不做什麼事」**。當你思考如何明智的花費金錢和時間時，最簡單的做法並不是決定要做什麼，而是決定不將金錢和時間花費在什麼事上。

思考「不該做什麼」，是邁向成功投資的第一步。

對於時間與金錢，我們的生活中有許多微小的浪費性支出，累積起來也很可觀，並可能造成巨大的損失。

首先關於時間，如果你思考「我不該把時間花在什麼事上」，腦中可能會浮現平時不知不覺浪費的時間，或明知道是浪費時間卻無法停止做的事。請試著將這些事**記錄在紙上**，梳理自己平時使用時間的方式。有時心裡明知道做某件事是在浪費時間，但我們還是縱容自己那麼做，而我們須一一找出這些被浪費掉的寶貴時光。

例如，有許多人在工作或是做家務時，會利用中間的休息時間滑手機，瀏覽社群網站、玩遊戲來消磨時間，經常一轉眼，半個小時或一個小時就過去了。

但如果你為自己立下一條「在沒有明確目的時不使用手機」的規則，會出現什麼改變？

你可以利用這三十分鐘的空檔來讀書、散步以活動身體、寫信給許久未見的朋友，或準備煮飯的食材，我們應充分活用這段空檔，**讓自己感到「這段時間是有價值的」**，並為此感到滿足。

在金錢方面，當你放棄衝動消費時，你的花錢方式就會改變。即使你在街上看到某樣商品，並拿起它、心裡想著「好想買」，但由於你已經下定決心不浪費錢，所以可以冷靜的想著「今天沒有打算要買這件商品，回家再認真考慮一下」，將商品放回貨架上。

以下是我列出其他關於不花錢和不要做的例子：陪主管或客戶打高爾夫球、參加無目的的餐會、唱KTV、吃垃圾食品、玩手機遊戲、玩柏青哥等賭博遊戲、瀏覽社群網站、看影片、購買瓶裝水、一次購入過多商品等。

現在，你的腦海中可能會浮現出各種「我那樣做是在浪費錢」、「我明天開始不要再這麼做」的想法。當人們在浪費時間時會產生些微的罪惡感，和「沒有有效運用時間」的遺憾，而當你克服惰性或改善浪費時間的習慣，能讓你擁有更多可支配的金錢與時間。

不過，你沒有必要對自己過度苛刻，也不必因此列出一長串的「不能做的事情清單」，只要分別列出兩、三件不能做的事與不花錢的項目即可。你可以逐步改變自己的習慣，當達到目標後，再增加新的目標。

我們是人，人終究是不完美的。即使你決定好不能做的事與不花錢的項目，有時還是會不小心再犯，這是人之常情。

其實只要你開始意識到「不做」的重要性，它就會為你帶來約束自己的力量，幫助你減少金錢和時間上的浪費。

然而，當你突然獲得多餘的金錢或時間時，就須特別注意。因為這時候會讓人產生「反正才一點點而已，用掉也沒差」的想法。

我指的並不是像彩券中大獎、長期休假等大量的金錢與時間，而是像錢包內花掉也無所謂的一千日圓，或十分鐘的空檔。

當你決定「不花錢在什麼事上」和「不做什麼事」後，就必須堅持下去，直到成功改變習慣。

14 哪些是我可以自由掌控的時間？

我總是想控管生活中的時間，換句話說，我希望能增加可隨心所欲支配的時間，並減少被他人和該做的事控制的時間。

我想把時間當作可以自由支配的東西，目前我仍在努力實現這一目標。

當然，當你在一間公司工作時，很難完全做到這一點。目前，我每天大約有一半的時間是完全自由的，在這一段期間，我會注意不讓自己的時間被其他事影響，或白白浪費掉。

當我有空閒時間可以做任何我想做的事情時，我會盡可能投資自己，將時間花在能提升自我的事情上。例如做自己感興趣的事、思考一個吸引自己的主題、挑戰一個全新的領域等。

為什麼要將自由的時間用於投資自己？就像花費自己工作賺來的寶貴金錢，相較於花別人的錢，更能成為自己的養分。例如，當你想購買一本與學習相關的書時，最好是從自己的錢包掏錢，而不是使用公司的經費，如此一來你能學到更多東西。

時間也是同樣的道理，當你花時間做某件事時，要意識到：這是我可以自由控管的時間，我做這件事並不是因為有人告訴我該怎麼做——這種想法能讓你獲得更多。

順帶一提，僅為了快樂而沒有目的的花費時間是一種「浪費」的行為，雖然看似自由，卻會束縛未來的自己；另一方面，被他人控制或用於工作的時間則是「消費」的行為。

我們都有可以自由控管的時間，請試著增加，並思考你要將這些時間投資在什麼事上。藉此學到的東西，將會在未來帶給你莫大的回報。

15 有錢和有閒，如何決定優先順序？

我在年輕時曾獨自前往美國，而我就是在這時候，學習到花費金錢與時間的方式。

當時的我真的沒有錢，所以每天都會反覆檢查錢包裡的現金，想知道自己還剩多少錢、計算自己能花多少錢，每天都在思考關於錢的問題。

當然，當時我沒有信用卡，也無處可借錢，雖然我已經提前買好回程機票，但如果沒有錢就不能搭車去機場，所以我死守坐車到機場的二十美元，並苦思要怎麼使用剩餘的錢。

除了思考每天如何花錢之外，我還必須計算兩週後、一個月後到回日本前，如何使用身上的錢。我必須問自己，手頭上還有多少錢？如果我買了這件東西後還剩下多少錢？如果我這樣做是不是能賺一些錢？總之，在那時候花了很多時間思考金錢方面的事，我過去從來沒有像當時那樣，認真思考過這些問題。

在思考的過程中我逐漸發覺，煩惱「如何使用金錢」與煩惱「如何運用時間」是一樣的。

我自然的意識到：不浪費一分錢就意味著不浪費一秒鐘。**如果你想賺更多錢，首先必須思考你要把時間花在什麼事上。**

在我以自己的方式找到上述答案後，比起先考慮金錢，我首先會思考如何善用自己的時間。我下定決心，只要有一點空閒時間，就必須有效利用，用來尋找美好的事物、結識新朋友或學習新知。

當時我每天早上醒來做的第一件事，就是規畫當天的行程表，然後據此決定如何花錢。像是到目的地要花多少錢、今天吃午餐要花多少錢，計算行程中可能出現的花費。

此外，我還得思考在回日本前如何運用時間，例如，我還會在這裡待幾週？在這段時間內我能做哪些事情？如果我遇到了這樣的人，或許可以建立起這樣的關係；為了找到某件東西，我必須去某個地方等待。

那時的我還沒有注意到「這就是投資」，回過頭來看，當時的想法是：「為了不讓我的旅程平淡無奇的結束，我必須有效的利用時間與金錢。」

另外，在美國旅行時我了解到，即使有些行為**在短期內看起來像是奢侈或浪費，但如果對未來有幫助，就必須大膽的花下去**。

舉例來說，在美國的期間，為了盡可能的節省開支，我不得不住在一家稱不上是飯店的廉價旅社，該旅社的設備相當簡陋，沒有廁所、淋浴間和空調；在飲食方面，我也只吃廉價的垃圾食品。

但在旅行的過程中，我一旦感到身體不舒服或疲憊不堪時，就會花錢住在舒適的旅館。

當我感覺身體不太舒服，或覺得身體快被自己逼出問題時，就會改住在位於郊區、會提供早餐的旅館一陣子，在被大自然包圍的乾淨房間內，沐浴清潔身體，盡情放鬆身心，讓身體好好休息。當我感到體力和精神恢復了，又會回到便宜的旅社。

此外，當我覺得必須吃對身體有益的食物時，我會去超市買米和蔬菜，然後煮成濃粥補身體。雖然那時身上的錢並不多，但還是將照顧自己的身體視為第一優先，就算要花不少錢買食材也在所不惜。

在我的觀念之中，時間比金錢更重要。如果我生病了，那得花好幾天休養，這樣就太浪費時間了。

在美國生活的那一段時間，對我來說是很好的訓練，讓我了解怎麼使用有限的金錢和時間，以及如何決定優先順位。而且我相信，這樣的概念絕不僅適用於在國外生活的特殊狀況。

因為「如何在回國前使用有限的金錢與時間」和「如何在死前使用有限的金錢與時間」，兩者的道理是一樣的。所以即使我現在住在日本，無論年紀多大，我依然會認真思考關於金錢和時間的問題。

第三章

過上豐富生活的松浦式提案

1 當個比任何人都優秀的工具人

「如果想得到金錢的眷顧，就要誠懇的看待自己的工作。倘若對自己的工作抱持忽視或瞧不起的態度，最終金錢會離開你。」

正如同我在第二章提過，金錢與工作之間有著密不可分的關係。為了比別人賺到更多收入（蓋上信用印章的票券），就必須完成更多能增加信用的工作，而在工作上的表現和如何應用賺到的薪水（例如是否投資），也會影響到未來的薪資。

那什麼樣的工作方式，才能提高社會對自己的信任程度？為了提升自己的工作價值，又該做出什麼樣的投資？我將在本章探討這方面的主題。

工作的本義，就是對社會或某人有所貢獻。我未來也想盡可能持續工作到老，說穿了，就是希望盡量對這個世界做出貢獻。這是我從未滿二十歲就出社會開始，一路走來從未改變過的單純願望。

過去的我，真的是個什麼也沒有的年輕人，既沒錢，也沒人脈、成就、資格證照，甚至是夢想，更不用說過人的才能了。

其中最缺乏的，就屬能在社會上發揮莫大影響力的「學歷」。我沒有好好讀國中，升上高中後也因升學壓力感到挫敗，認為「自己就算繼續待在這裡也沒什麼意義」，於是就乾脆的輟學了。

我十七歲時，身邊的朋友當中沒有人像我一樣，最終的學歷是「國中畢業」，也沒考慮到未來該如何養活自己，就捨棄了在某層意義上受到保護的「學生」身分，順勢踏入了社會。

我的父母對於我輟學一事，抱持著既然做了決定，就要對自己負責的態度。因此為了在社會上生存下去，我就得找到工作，設法養活自己才行。

但我作為一個毫無專業技能的中輟生，根本沒有選擇職業的資格。所以我那時看到有日薪現領的工地工作，就到現場看看，結果被工作人員詢問：「你要從今天開始做嗎？」就這麼開始了第一份工作，沒有選擇的餘地。

在我年輕時，日本，尤其是東京，整個社會或許比現在還要重視學歷。有沒有大學學歷？從哪所學校畢業的？這將形成社會階層，即使我那時還未成年，也沒過多久就理解了這件事。當時，高中輟學的我，名字不是「松浦彌太郎」，而是被叫做「喂」。

不過，我仍然願意在向我提議：「要不要在這邊工作？」的職場上繼續努力，是因為在以前，我只要有工作做就該懂得感激了。除了能領到薪水，也能感覺到自己是被需要的。

我單純對自己能幫上別人的忙、融入社會感到高興。覺得自己只有這份工作了，像看到救命稻草般緊抓不放，全力投注在工作上。

不僅如此，在工作的過程中，我慢慢無法滿足於只做好被交代的事項，努力思考該怎麼樣才能幫上更多的忙；思考該怎麼做，才能令職場上的前輩或同事感到高興。

舉例來說，在工地打工時，完成被交代的工作是理所當然的，但我還會將保持現場整潔這件事，也視為自己的工作內容，例如：看到地上有垃圾就立刻撿起來；把工地的工具整理好；發現有明顯的灰塵或木屑，就馬上拿掃帚掃起來。

我像這樣觀察周遭環境，並動手整理後，同事和前輩也驚喜的發現「有那傢伙（我）在的地方都很乾淨，工作起來輕鬆多了」，於是我常被叫去打工，無論去哪裡都很受歡迎。

而且，我在大多數的工地現場都是最年輕的，所以不少前輩會叫我跑腿買咖啡，跟其他不情不願、動作慢的菜鳥相比，我總是應聲：「好！」並開心的跑去買。不少前輩都覺得「叫他買快多了，態度也不拖拉」，於是又獲得更多的工作機會。

以前，我對自己的學歷深感自卑，希望被他人認同、需要，同時也多少感到不安：「接下來的人生，我該怎麼做才能養活自己？」

正因如此，**我決定當個比任何人都優秀的工具人**。雖然知道自己並不起眼，但是在工具人的領域——也就是不管被交代什麼工作，手腳比誰都快，效率超乎眾人想像——或許能成為第一名。

直到現在，這個想法也不曾改變。至今有幸能與許多企業共事，而我一直以來都帶著「想當個稱職的工具人」的想法。雖然近年來，頭銜變成看起來有點厲害的「社長」，但老實說，我本身沒什麼真實感。

我一直覺得自己就只是個工具人，根本沒什麼了不起的地方，也都是靠別人才能得到工作機會。我不敢自稱是什麼專家，也不覺得自己有什麼特別擅長的領域。

但長久以來，我自詡是個優秀的工具人，無論面對什麼樣的工作，心裡都帶著「請儘管使喚松浦彌太郎」的想法。

而且，我會將被交代和託付的事，做到他人期待值的一二〇％以上，要是對方因此感到高興，我也會覺得很幸福，就跟過去打掃工地現場一樣。

所謂的工作，就是能幫上某人的忙，幫助感到困擾的人們。我覺得，正因為一直以來我都抱著這樣的心態，工作機會才會持續不斷的上門（所以，為了金錢而工作的「賺錢」一詞，一向是我不太喜歡的說法）。

先從好的方向超越周遭人們的期待，設法讓他們感到驚訝、高興——所有的工作，都是從這裡展開第一步。

2 我的職業是：松浦彌太郎

在工作上和他人第一次合作時，對方多半會先確認彼此的職稱。這個時候我大都會回答「隨筆作家」或「作家」，但同時在心裡偷偷的回答「松浦彌太郎」。

我希望自己職稱的那欄，顯示的是「職業：松浦彌太郎」。

多數人應該會覺得，職業是自己的名字也太奇怪了，不過這對我而言，等於證明自己從事的工作是獨一無二的。不是在工作上某個領域的專家，或擔任某個特定的職務，而是以一個獨立的個體存在於這個社會。簡單來說，跟「作家」相比，我更想以「松浦彌太郎」的身分對這個世界有所貢獻。

比方說，若在自我介紹時自稱是「程式設計師」，理所當然就會被認定成「會寫程式的人」。這樣的認知基本上沒什麼問題，不過也會形成某種程度的刻板印象。

以極端的例子來說，許多人不會把開發菸、酒等商品的工作，交給職業是「程式設計師」的人。

業務、會計、編輯等職務也是同樣的道理，所有職稱都代表「這個人從事的是這樣的工作」。這雖然是種證明專業的方式，但也可能因此錯過了一些可能性。

我對自己沒有什麼特別的定位，也不打算只接觸特定的工作。真要說的話，只想透過自我的感受和想法，追尋、發現嶄新的價值觀。

這正是「職業：松浦彌太郎」能達成，不受職務束縛的生存方式。

但為了成就這樣的自己，就必須有人需要這樣的自己，單憑一己之力是無法做到的。而這樣的機會，是來自過去的行為和工作表現。

以我的例子來說，我曾當過書店的經營者、雜誌總編輯、作家、商品開發者、社長、企業顧問，最近接觸到的職位是電影導演，工作範疇廣泛。這些都是過去在工作上曾幫到他人的忙，才衍生出的可貴機會。

有些人會主動表示：「讓之前表現得還不錯的松浦彌太郎試試看吧！」就連我沒什麼經驗的工作也願意交給我嘗試。正因如此，我不想設限於任何職業，而是挑戰各種不同的領域。

這等於把自己投資在眼前的工作上，以獲得下一個工作。也就是說，專注在工作上，透過投資自己獲得的最大回報，是下一次的機會。

幫上別人的忙↓自己的個性和特色獲得好評↓被賦予下一次新的工作機會，重複這樣的過程，才能成就「職業：自己」這個目標。

或許因為這樣，我一向沒什麼「想擁有響亮頭銜」的野心。正因以「松浦彌太郎」在工作上打拚，我才能遇到那麼多有趣的工作和優秀的人們。

不僅限於自由工作者，在企業工作的上班族，只要保有「職業：自己」的意識，也較容易獲得工作上的良機。

不久前的社會，還充斥著大家都應該跟別人一樣，不鼓勵當出頭鳥的氛圍；但現今社會越來越重視個人色彩，邁入了不須憑藉職業頭銜，就能以自身名號在職場上競爭的時代。出眾和獨特的能力有助於獲得好評，藉此也容易被指名「那個工作就交給那個人負責」。

可別妄自菲薄的認為，「這種生存方式，跟我一點關係也沒有」。請抬起頭來觀察一下周遭的人，有許多人在工作上，都在挑戰「職業：自己」的這個目標，你一定也能找到自己特別擅長的地方。

3 那些失敗教會我的事

我認為，失敗是一種必然，成功卻是在偶然下出現的產物。失敗是能預期的結果，在工作上，理應徹底減少這種必然發生的失敗的機率。

我在年輕時，經歷過無數次的失敗：弄壞自己的身體；熬夜工作，導致隔天睡過頭；行程排得太滿，結果出席重要的會議時遲到；相信自己一定做得到，但犧牲了作品的品質……。

這類失敗數也數不清，我甚至覺得，在二、三十歲時，自己失敗的次數比成功的次數還要多。

但在重複經歷多次的失敗後，我掌握到一些會導致失敗的固定模式。像是不夠重視對身體的投資，使得體力透支就會出事。我也了解到，必須冷靜判斷自己當下有多少能耐，別對自己太有自信；錯估工作進度會給別人添麻煩。諸如此類，逐漸明白什麼事對自己來說會導致失敗。

失敗的時候，最重要的是別丟著不管。就像我前面提到，既然失敗是必然的，背後一定有它的原因。透過分析原因，失敗能成為自己的助力，協助你減少以後再犯錯的次數。

剛經歷一、兩次失敗時，可能還難以找到背後的原因，但多次嘗到苦頭後，就能大致掌握固定的犯錯模式，事前避免某些會導致失敗的事。徹底反省，思考跌倒的原因後，多留意細節，犯下同樣錯誤的機率就會逐漸減少。簡單來說，就是失敗越多次，未來會慢慢減少犯錯的機率。

所以我覺得，二、三十歲的時候，就算放膽挑戰、一再失敗也沒關係。

因為，這也是一種投資。

當然，人不管到幾歲，當挑戰一項新的工作時，就可能因為不熟悉而導致失敗。不過，就算那樣也沒關係。只要之後能掌握背後的原因，避免再犯同樣的錯誤就好。

經歷過失敗，再逐步克服它——持續面對挑戰，才能真正享受到工作與自我成長的樂趣。

4 不管幾歲，我都還在學

我到了五十歲便開始認真思考，接下來的人生能運用的時間。後來我發現這麼做之後，自己似乎很少主動洽談新工作了（雖然我原本對事業就沒有什麼太大的企圖心）。

要是沒有特別意識到，我的生活會一〇〇％塞滿工作，但由於現在要照顧母親，正在嘗試以工作五〇％、私生活五〇％的比例來分配每天的時間。

有些人可能會覺得，以自由工作者的立場來說，不自己聯繫和洽談工作的相關事宜，這樣怎麼會有機會？但以我的例子來說，我現在大部分的工作都是靠緣分，或是說透過人情來安排的。

我會開始挑戰一項新工作，大都是因為我心想：「這個人都這樣拜託我了，那就接下吧！」想幫上對方的忙、看到他高興的表情，並被他稱讚。前面提過的工具人思維，促使我回答：「那我就試試看。」

不過，即使我會因為緣分、人情而接受新挑戰，但在受到邀約時，還是會問自己一個問題。

那就是：「除了幫上別人的忙之外，『我』能學到些什麼？」

在想像這份工作能讓我學到的事，以及獲得什麼樣的成長後，假如對未來那樣的自己也感到好奇，我就會接下這份工作。相反的，如果是我已經體驗過的事，我就不會答應對方。

在工作上，我想一直保持「如履薄冰」的狀態。

根據前述內容可以得知，對我來說是否承接工作的標準，在於緣分和人情，以及是否能為自己帶來足夠的挑戰。無關乎報酬條件和企業知名度等要素，這幾點是我篩選工作的指標。

所謂的「如履薄冰」，就是面對第一次接觸的狀況，不知該如何是好、戰戰兢兢的狀態。

例如我在當上《生活手帖》的總編輯時，別說總編輯的工作內容了，連編輯這份工作該做什麼事都不知道，對雜誌業界的專業術語當然也一概不知，更不用說如何和印刷廠交流、行銷通路的概念。當時我動不動就問其他人：「這是什麼意思？」努力一一嘗試理解。那時的我，曾向許多人低頭請教，該怎麼做好一本雜誌。

我在眾人的幫助下努力學習後，也終於可以開始處理一些簡單的工作，後來進步到能順利的處理各種事務，也逐漸展現了自己的色彩。

我在離開《生活手帖》，轉職到ＩＴ企業（按：此指日本最大的食譜社群網站「Cookpad」）後，也面臨同樣的狀況。由於我對程式設計和相關科技幾乎沒有概念，剛開始確實因此小心翼翼。不過，我在請教別人和自學之後，慢慢吸收了許多新知，這些所學也成為自己的一部分。

人面對新事物時，不會一直處在不知如何是好的狀態，只要有意識的學習，願意持續進修，不管到幾歲都還有成長的空間。在挑戰新領域時，即使剛開始懷抱不安的心情，最後一定會平復下來。

當這種感覺逐漸消失時，受到各種幫助的自己，便會開始在工作上做出成績。

其實，如履薄冰的狀態，就是心靈大幅成長的時刻。

所以，我對於自己不太會感到緊張的工作項目，也就是已經有經驗、知道自己肯定辦得到的工作，無論對方多熱情的邀約，都不會隨便答應。因為我已經決定，不帶著輕鬆的心態，接受能邊吹口哨邊完成的工作。

舉例來說，現在要是有人請我編一本新雜誌，或新開一家有趣的書店，就算心裡覺得不好意思，我還是會一律拒絕。因為我本身在那些領域已經累積了一定的經驗，應該大致上都能勝任。

從事沒有挑戰性的工作，無益於自我投資，而且工作起來也不有趣。不僅沒辦法學習新的事物，也不會出現新的體驗，更是無法遇見未知的自己。我覺得，把時間花在這樣的工作上，實在有點浪費。

或許看在我周遭的人眼裡，松浦彌太郎就是如此「反骨」的人。我創立書店，且有九年的時間都奉獻給《生活手帖》，肯定有人會覺得「松浦彌太郎應該很喜歡文字工作」，結果又突然投入ＩＴ的世界，重啟新的挑戰，並開始學習與科技相關的內容，而我不斷重複這樣的循環。

對我來說，工作上無從預測的變化，正是最大的樂趣。我想，我會堅持這樣的做法，直到無法再繼續工作為止。

即便不知道自己能為社會提供什麼樣的貢獻，當周遭的環境出現工作機會，就儘管放手一搏。

雖然難免會感到不安，但也不必太過擔心。只要有人覺得：「交給你試試看，應該很有趣吧？」你不妨試著相信對方。保持如履薄冰的心態，持續努力學習，未來必定會超越對方的期待，自己也得到成長的機會。

「我能保持在如履薄冰的狀態嗎？」只須意識到這一點，放膽嘗試，你就會發現，有趣的未來必定在不久的前方等著你。我在此時此刻，仍抱持著如此戰戰兢兢的心態。

5 很努力了還是沒看到成果？繼續學

我的一位企業家朋友曾告訴我：「當收入增加十倍，不僅代表努力增加十倍，也代表新的做事方式增加了十倍。」這句話讓我感到當頭棒喝。

以前我不會調整自己的做事或思考方式，只是一直魯莽的向前衝，即使覺得自己很努力，但直際上學到的東西很少，也沒獲得什麼成果。不僅是收入，所有工作上的成績也是如此。

假如你想展現令人驚豔的成果，就須嘗試數十種以往未曾做過的做法。

無論是靈光一閃想到，或他人給予的建議、從書中閱讀到的內容等吸收到的知識，總而言之都嘗試看看。如果嘗試後還是不行，就該立即停損，朝向下一個目標挑戰。如此大膽的在嘗試及錯誤中學習，未來終究會看到想要的結果。

在嘗試的過程當中，得丟棄自尊心與原有的觀念，以開放的心態繼續前進，不斷嘗試，並盡自己所能——換句話說，這就是「完整學習」。不僅是學習，重點是有徹底去做的覺悟。

這和第一章中提到，讓自己沉浸在同一個領域中學習，直到恍然大悟，是一樣的意思。

從工作的角度來看，學完某項事物後，下一個項目已等著你學習，這時就要把握機會盡可能的學——人生就是這樣不斷重複。「下一個項目已等著你學習」是什麼意思？反過來說，對沒有完整學習的人來說，他就不會遇到「下一個」項目，無法看到更具有挑戰性的課題、高難度的障礙或提升自我的主題。畢竟他不投資自己，每天維持現狀。總而言之，在看到下一個目標前，要不斷學習下去。

由此可知，當你在工作中對於「接下來我能學到什麼？」感到期待，代表你正在持續投資自己。

抱持著好奇心環顧四周，只要有學習機會就好好享受、充實學習，這麼做就能開啟投資的良性循環。

6 找我合作的客戶很多，我這樣挑選

我過去曾和許多企業一起共事過，從歷史悠久的出版社、頂尖的ＩＴ企業、服裝業到零售業都有。這些企業都是主動來找我，且他們讓我感覺自己備受期待，所以我決定與這些企業合作。

不是我很挑剔，只是幸運的是，來找我合作的都是十分出色的企業。那麼，什麼樣的公司才稱得上是出色的企業？

我是以「有明確願景」這點來判斷。

一個有願景的企業，對於想打造出什麼樣的社會、想為社會帶來什麼影響，有著清晰的目標，並朝向那個目標邁進。

例如，大家應該都有聽過谷歌（Google）、亞馬遜（Amazon）、臉書（Facebook，後來改名為Meta）、蘋果（Apple）這四家大企業，它們被合稱為「GAFA」，都是以世界作為舞臺在拓展事業。

這些企業並不是透過金錢遊戲、快速致富的方式在成長。而是從創業以來，都抱持著明確的願景在經營。當然各公司的願景有自己的文化及商業風格，不過這四家企業有一個共同點，那就是「想用自己的力量讓這世界變得更美好」。

這個想法不會被「成功之後就會致富」這樣的野心動搖，這四家企業懷抱著巨大且真誠的願景，咬緊牙關合力戰勝逆境，才有現在的成功。他們一直抱持著熱情、展現行動力，並保有耐心。

一般企業中的高層管理幹部，會不斷思考自己負責的業務和做出的選擇，是否符合願景。對於這點他們比任何員工都想得還要多，並在組織中扮演決策者的角色。

正因為如此，許多公司常思考如何投資（像是建造新工廠、僱用更多人力），一邊著眼於未來，一邊長期觀察各種事。就像人們為了未來的健康，想著該如何攝取健康的飲食一樣。

不過，不是只有高層人員，**在公司工作的每個員工都應該思考願景**。常有人說「要具備經營者的眼光」，意思就是要有遠見——思考你所在的公司其願景，與自己正在從事的工作是否有差異。

雖然這沒那麼容易，但我也會積極的工作，為了達成願景，持續思考自己應擔任什麼角色。

當你擁有經營者的眼光，你就能與你的工作建立更深、更良好的關係。

不只是企業會設立願景，作為今後的營運方針；其實個人也需要願景，這也可稱為「理念」，也就是未來想成為怎麼樣的人、過怎麼樣的生活。

想為這個世界做出貢獻、成為一個有用的人、在工作中增加笑容、掀起技術創新的風潮、無論是工作或私生活都過得更充實、善待身邊的人……當自己有個清晰的願景或重視的理念，如果人生失去方向、感到困惑，這些願景就會成為人生的指引。

這個世界上，應該也有人會為了提高薪資而考慮換工作，但我認為僅為了收入而選擇職業或任職公司，不是一個明智的選擇。

我為什麼這麼說？因為這是一種不尊重的行為。僅為了金錢任職於不符合自己的願景、理念、價值觀的企業，對於企業、真誠對待公司的員工，以及公司客戶，都非常失禮。

更重要的是，以金錢為基準來決定工作地點，也是欺騙自己的行為。即使當初因為可觀的收入而獲得滿足，最終也會失去工作意義，並因此感到痛苦，因為人本來就無法在價值觀不合的地方積極發揮，最終也無法賺取更多的金錢。

被高收入吸引，待在一家與自己願景和理念不同的公司工作，最終只會讓自己與周遭的人都感到不開心。

請不要忘記，當你尊重公司追求的未來，且與自己的理念契合時，無論是精神上還是經濟上才能得到滿足，並積極的展開行動。

7 怎麼樣的報價我願意接受？

我現在對於報酬完全沒任何欲望，只要足夠讓我過想要的生活就好，完全沒有想賺更多的想法。

所以，無論是什麼樣的工作，我都不會盤算酬勞的多寡，並想到「和這間一流的企業合作，做了一份對社會如此有影響力的工作，應該可以拿到不少錢」。只要能領到合理的報酬，我就會感到滿足。

我在和朋友聊到酬勞的話題時，常聽到對方驚訝的回應：「咦！松浦先生，這樣的金額你也能接受？」但對我來說，只要價格仍屬合理範圍就可以了，我也覺得跟一般的標準相比，不會有太大的差距。

當然也會遇到必須自己決定酬勞的時候，我也常問自己：「這個金額真的合理嗎？會不會希望自己賺更多？」

當然，我會盡最大的努力，並很有誠意的做出符合對方一二〇％期望的成果。這麼看來，酬勞金額即使高一點也很合理吧？

但另一方面，我對自身有「自己其實沒什麼了不起」如此冷靜的想法。因此，我偶爾收到比一般酬勞高好幾倍，甚至是高好十幾倍的報酬時，就會覺得很奇怪。

另外，我經常在想：「報酬如何再度投入於工作中？」只要這麼思考，工作的品質就會大幅提升。

我第一次領到稿費的寫稿工作，是撰寫航空公司的機上雜誌專欄。

在那之前我曾為各種雜誌和免費刊物撰稿，但當時的本業是經營書店，不是專業的作家，只想著可以藉此宣傳書店，基本上沒有收取任何酬勞。後來機上雜誌的編輯看到那些文章後，很喜歡我寫的文字，因此給我在雜誌專欄寫文章的機會。

對熱愛旅遊的我來說，這個工作讓我感到非常興奮。舉例來說，我某個月到法國、下個月則到墨西哥，在那些國家當地取材，把感受到的魅力撰寫成文章。由於這份工作，我拜訪了很多國家和地區。

有些人會羨慕我可以藉由工作到世界各地走走，但也不是像一般遊客環遊世界，總而言之，我是徹底的投資在「準備」中。

這是什麼意思？如前面提到的法國和墨西哥，我撰寫文章介紹法國，並獲得報酬，而我將一半的收入投資在研究墨西哥上。

例如，閱讀當地書籍、學習歷史、蒐集照片、尋找自己覺得很有魅力的地方、沉浸在電影或音樂中、嘗試購買當地的工藝品、拜訪當地的餐廳，如果遇到對當地文化很了解的人，就開口詢問他們問題。

就像這樣毫不猶豫的使用上一個工作的報酬，做好萬全的準備，朝下一個工作邁進。

我從那時開始，會將在工作中賺到的金錢，投資到下一份工作中，比例大概是一半的報酬。對此有人可能會這麼想：「好不容易獲得的報酬，就這樣花掉很浪費；若輕易的把賺到的錢花掉，那麼無論過了多久，都無法隨心所欲的花錢，也存不了錢吧？」

不過，正因為投資了金錢和時間，我才能找到獨特的寫作視角，寫出別人寫不出來的文字。所以，即使我當時還沒有豐富的寫作經驗，仍獲得許多人夢寐以求的飛機雜誌專欄連載工作。

當然不只如此。多虧了這些投資，讀者對我寫的文章很感興趣，也讓編輯因此感到開心。這讓我展現屬於自己——松浦彌太郎的視角，也結識了很多人並被委託有趣的工作，最後成就了現在的「職業：松浦彌太郎」。

有什麼報酬比這更好？

不論是什麼職業，利用工作中獲得的報酬再做投資是很重要的。該再進行什麼樣的投資、經過多久的時間才能看到成果，都根據工作內容而有所不同，但只要持續進行，一定會獲得回報。

請經常意識到在工作中培育下一個工作的重要性，因為對工作的投資，會替你加分。

8 會議與會議之間，我會預留十五分鐘空檔

我有一個習慣，就是在正式開始會議前，會提早十五分鐘做準備。

不論什麼樣的會議，我都會提前十五分鐘開始準備，讓我先轉換心情，之後專注於工作上。就算前一天已經做好萬全的安排，如果沒有這十五分鐘的準備時間，仍會大大的影響我的工作表現。

提早開始準備，如有意外發生也能先應對。

有時候就算自己做好萬全的規畫，也可能發生無法預期的意外，像是電車誤點、因為忘了拿東西所以折返回家、搞錯集合地點等。

這時就會變得慌慌張張，或許因此接連引發其他失誤；但若有十五分鐘的多餘時間，你就能不慌不亂的依照情況做判斷。為了在工作上發揮一〇〇%的力氣，心裡應該要先有個底：偶爾一定會出現意外，為此要經常做好準備。

有了這十五分鐘，就能幫助你讓情緒恢復平靜。

一天當中，你會發現工作經常擠在一起，會議一個接著一個，結束後還要出門拜訪客戶。尤其現在線上會議已成為常態，導致要開的會變得更多。

在緊湊的行程中，假設開會時發生了不開心的事，讓你感到煩躁，之後也得馬上投入到下一個工作中。但像這樣一直帶著負面情緒，就無法好好處理工作。

因此我認為在開始一項新工作前，須先花時間調整自己的心情，讓情緒保持在平穩的狀態。

直到現在，我仍常覺得這十五分鐘帶來了很大的幫助。過去我曾在開會時出現不愉快的情緒，並說了一些草率的話，這讓我感到很後悔。但之後馬上又有一個會議要進行。如果以這樣的情緒參加會議，肯定很容易與他人產生衝突。

如果在下一個工作開始前，先替自己保留十五分鐘，就能利用這段時間轉換情緒。也能告訴自己：「剛剛似乎有點感情用事了，負面情緒就在這邊告一段落。」以好心情迎接下一個工作。

我們都是活生生的人，也是不夠成熟的存在，因一些小事而使心情低落是正常的。面對不穩定的世界、不確定的未來，這種狀況也越來越明顯。在二〇二〇年後，我們與新冠病毒對抗，焦躁不安的情緒更是加速蔓延。

而用煩躁的心情做事，不只會影響到工作，也會影響到時間及金錢的運用方式。

人類在無意識中會想忘記或消除自己內心的不安，這時你可能會花費時間或金錢，例如透過購物、飲酒作樂來發洩情緒。此外，世界上有許多商品針對人們脆弱的心理而設計，讓你消除壓力，手機遊戲就是最好的例子。許多人投入大量的時間及金錢，沉迷於遊戲世界，藉此忘記煩惱的事。

並不是說這種浪費就一定是壞事。但花費過多的金錢在遊戲上時，就不能說是「把金錢花在對的事上」。

所以還是要將時間投資到自己身上，例如我前面一直提到的，提早十五分鐘做準備。

只要隨時意識到，要盡可能在當下解決焦躁不安的情緒，這麼一來，不僅是工作還是時間及金錢的運用方式，都會往好的方向前進。

9 等待很重要，等待也需要體力

現今是一個極度追求速度的時代。最短距離受到吹捧，生活方式追求越快越好。一旦無法馬上看到結果，人們就會變得暴躁，對他人也失去耐心。

然而，**「等待」是很重要的。而且等待也需要體力。**

我認識的一位活躍於金融界的前輩，他曾說過：「等不及的人必定無法成功。無論是培養農作物、養育一個人、人際關係等，若希望出現好結果，都須等待。即便在日常生活中，也有不少盡自己最大的能力後就只能等待的事，例如治療疾病、解決問題等。沒辦法耐心等候，就容易失敗。」

想要獲得有價值的回報，就需要投入時間。無論在工作上、對自己的投資、金融投資都一樣，花費的時間和獲得的結果會成正比。最重要的，是理解「不可能馬上獲得碩大的報酬」這個道理。

這個時代，很多人會急著想獲得回報，像是馬上想了解、馬上看得到效果、馬上出現結果，大家前仆後繼的追求這些目標。

但這沒有這麼容易，你只能**一邊持續投資，一邊耐心等待**。

我現在能成為「職業：松浦彌太郎」，得感謝許多緣分與運氣，但也多虧了自己從二十幾歲後半開始，堅持不懈的在這個世界傳遞訊息，才能孕育出現在的自己。

不論是過去沒有稿費收入、現在領得到稿費，或是以前沒沒無聞、現在許多人期待看我的文章的時期，我從未改變的一點，就是心如止水的持續寫作。這就像持續投擲小石頭一樣，我能以「松浦彌太郎」這個身分持續工作至今，就是因為我投的小石頭，傳遞給了某個人。

持續做同一件事，並靜靜的等待，就會有越來越多的機會主動造訪。想實現夢想或願景，就急不得。只要把該做的事做好，接下來就只剩下等待。

只不過，在等待時若沒有收入，便難以餬口。這樣的話，既無法繼續等待下去，夢想也難以實現。

所以，我們必須為了等待而工作。為了實現理想中的願景和夢想，須賺取足夠的金錢來度過等待的時間——**工作後有了收入來源，並儲備足以「等待」的體力**，就能努力並持續等待下去。

你有辦法耐心等待嗎？正因為我們生活在追求速度的社會，我希望大家更重視這點。

10 低調是一種美德

在本章節的最後，我想聊聊自己在工作上，長期保持自我步調的方法。那就是「盡量低調」。

有許多人希望自己能受大眾歡迎、被他人憧憬，或社群媒體的追蹤數增加，受眾人矚目。但我總是想盡可能的低調行事，避免成為別人口中討論的話題；盡可能安靜的工作，不特別宣傳自己做了哪些事，也不希望被他人稱讚「真是厲害」，只是默默的生活在這個世界中。

所以在這個世界上，應該沒有人清楚了解我到底在做什麼工作，大概只知道我在寫文章、經營媒體平臺，因為我也不會特別說明。有時因為擔任某企業的幹部，而被媒體報導出來，暫時成為話題，那就無從避免。

為什麼我堅持不宣傳自己的工作內容？

因為我不想消費自己。當人們被一時的名譽、想被認同的心態和虛榮心所動搖，過度自我吹噓，就表示以後都必須展現這個模樣。當比較少出現在大眾面前時，有些人就會擅自評論「好久沒看到他了」、「他的全盛時期已經過了」。

一旦選擇高調，就必須持續高調下去。因為這個原因，現代人似乎又多了一件必須煩心的事。

我雖然深知這個風險，但偶爾也想邀功：「這個工作是我負責的！」不過，要是被這種表現欲支配，痛苦的將是未來的自己。

所以，我決定在聚餐或人多的場合，盡量不提到自己的事；而是多聽別人說話，假如有自己幫得上忙的地方，就盡力幫忙。我想，即使不過度自我表現，也能建立起與他人之間的緣分。

因高調行事獲得的好處，就只有虛榮心被暫時滿足而已。長遠來看，很可能是一種自損的行為。當你想被別人稱讚「真厲害」，而向他人炫耀前，還是先停下來想清楚，這麼做會有更多的麻煩事接踵而來。

第四章

關於投資的心理準備

1 我想增加的不是錢，是個人信用度

在上一章，我談到了工作與投資的關聯性。

其中提到，我在承接工作時不會在意酬勞，也不曾與委託方交涉「希望價格再高一點」。

工作的報酬是什麼？我認為這與個人的工作方式有關，同時也關係到我在本章中，想傳達的主題：「為了追求幸福，最必要的自我投資」，所以我從這點開始講起。

我說自己不想要錢，絕大多數人可能會覺得是在裝模作樣。但我打從心底認為，我想增加的不是金錢，而是在社會上的個人信用。當我在思考「接下來的十年，該為什麼而努力」時，我的答案總是「這十年就用來提升我的信用度（按：在本書中是指社會大眾對個人的信任程度）」。

為什麼我會這麼重視個人信用？

當你失去了他人和社會的信任，就什麼事也辦不到，因為人無法獨自生存，生活中，也很難完全避免與社會接觸。若無法與他人在社會中共生，別人對你沒有「可以相信這個人」的認同感，你就難以做到任何事。不僅無法拿到前面提到的票券，也不會有人願意幫你忙、為你打氣加油，更不用說得到任何機會。

不過相反的，只要別人願意相信你，就有機會獲得在原本實力之上的各種挑戰機會。因此，從投資的角度來看，**增加個人的信用度，是報酬率最高的選擇**。

以我的例子來說，年輕時在社會上的信用度趨近於零，甚至可說是呈現負數。出了社會後，我才強烈發覺到，自己除了沒有一般人該有的學歷，各方面的修養也大不如人。

事實上，只要從好的大學畢業，或擁有國家證照，就能多少被這個社會信任。而我以前，只能帶著「再這樣下去，自己會不會在這個社會上不被任何人信任，就這樣度過一輩子？」的焦慮感，投身於工作中。

只不過，就算想當一個被社會信任的人，也沒有什麼規則或簡明易懂的做法可以效仿，這世間也沒有「信用學」的存在。只能透過你每天的行為，踏實、穩健的慢慢累積信用。

使用金錢的方式，也會大幅影響你的個人信用度。把錢浪費在無聊嗜好上，或只為自己花錢的人，通常很難獲得他人的信任。

此外，每一次的發言和行動，例如打招呼的方式和說話用詞，或用餐和生活習慣等，還有是否遵守社會規範、不觸犯法律和眾人訂定的規矩，以及是否為人和善，能親切的跟周遭的人溝通，都是判斷一個人是否值得信任的要素。

當然，想得到他人的信任，就必須在工作上幫到對方的忙，像是認真的為某人工作，拿出高於對方期待的成果；在工作上使他人感動；讓社會變得更美好；幫助周遭的人等。

這種一點一滴累積信用的生活方式，看似淡泊，實則豐富，能使人感受到幸福的氛圍。

我這樣的做法是過去從憧憬的前輩身上學來的。他們沒有直接指導我，但在旁邊看著，讓我也想試試看這麼做。前輩一定也曾努力思考過：「該怎麼做，能提升自己在社會上的信用度？」

請在日常生活中，仔細思考該怎麼做，才能成為一個有信用的人。這不是一朝一夕可以達成的目標，但透過每天累積一些信用，也能在生活上感受到微小的幸福和喜悅。

該做的事，今天也要平心靜氣的完成。

2 我從不投資人脈

「拓展人脈」，多半是指結識對自己有利的人，並且開拓人際關係。我經常被問到：「該怎麼建立人脈？」

但老實說，我完全沒有想過要「投資人脈」。

首先是因為，我不喝酒、不打高爾夫球，也不是特別懂美食，簡單來說就是不擅長應酬，很少主動參加類似的交流場合。

再者，另一個更大的原因在於，我不太認同許多人認為「人脈應該越廣越好」的想法；對我來說，人脈是「被拜託做什麼事時，不會拒絕也無從拒絕的人際關係」。說得極端一點，就是對方跟你借錢時，只要在自己能負擔的範圍，就完全不過問細節，二話不說借給他。這比一般的人際關係要來得狹義，是相信自己的人以及自己信任的人才能建立的人際關係。

要是身邊有上千個這樣的存在，那確實是很不得了的事。不過，我覺得不太可能有這種事。

要是有朋友主動跟我說：「我面臨一個很大的挑戰，你願意投資我的公司嗎？」我就會在能力範圍內盡可能達成。那是因為我打從心底相信他們，並且以實際行動支持。當然，我這麼做，完全不會期待對方回報：「自己遇到困難時，你能幫到我什麼？」從未將利益得失帶進我們的關係當中。

在我周遭，能到達這層關係的朋友，我想最多也只有十個人。從大眾對「人脈」的認知來看，這個數字可能確實太少，但對我來說已經綽綽有餘。

據我所知，大多數的企業社長和資產家，都不太在意經營人脈。即使跟幾萬人交換過名片，也不會用「打過照面」的數量來吹噓交友關係。

我覺得，會自誇人脈廣的人，信用度反而容易受到質疑。乍看認識很多人，也很受歡迎的樣子，但眾人對他多少保持著警戒。

為什麼？因為**人脈特別廣其實是一件不自然的事**。踏實工作、重視身體健康、平心過生活的人，人脈不可能會有多廣。自誇人脈廣的人，會給人一種「想從他人身上得到好處，所以致力於拓展人際關係」的感覺。

而大多數人多少感覺得到，如果交付自己的金錢、時間和健康，以獲得對自己有利的人際關係，這樣的判斷有些不自然。

不過，不只是人際關係，如果所有事情都視「損益」來決定，那會很難獲得他人的信任。

我甚至認為，一個人的**人生會逐漸走調**，最一開始的契機，就是**用損益當基準判斷周遭的人事物**。不希望自己有任何利益上的損失，努力想過得比別人更具優勢，會讓心靈變得匱乏。

像是想多跟對自己有益的人相處、想輕鬆大賺一筆、想搶在別人前面這類願望的背後，都是出自「想輕鬆過活」的想法：不想流汗、不想工作、不想努力。最極端的發展，可能演變成詐欺之類的犯罪手段。在這些事上耗費時間、金錢與智慧，簡直就是糟糕的投資，對未來毫無益處。

想輕鬆過活的人，通常不重視生活中的習慣，每天懶散度日，只期待在某個時刻幸運的逆轉勝。

但是，能從本質上改變一個人的正是習慣——堅持下去的行為。假如想讓自己的人生變得更好，就只有持續投資自己這個方法。

雖然並非有錢就是好事、貧窮就一定過的不幸福，但就結果而論，較富有的人大都具備「累積金錢和信用的習慣」。不考量眼前的損益，以更廣闊的視野為判斷標準，踏實培養良好的習慣，才能成功。

接近對自己而言有利用價值的人，就算看似是聰明的做法，也不算是幸福的投資。人脈不是用來拓展的，而是須深入建立的人際關係。倘若能擁有數十位打從心底和自己互相信任的人，我想那就會感到滿足。

3 被欲望誘惑時

我至今見過各式各樣的人。有在社會上獲得成功地位的人，也有無論做什麼事都不太順利的人，還有受歡迎的人，以及被排擠的人。

其中也不乏人生原本一帆風順，卻突然遭逢變故，身敗名裂的人，他人對他的信任就像泡泡一樣瞬間破滅。在你周遭，或許也出現過這樣的人，或曾在新聞上看到這種人的消息，讓你心想：「這個人到底怎麼了？」

探究他們失敗的原因，可以說完全是因「惡欲」而起。當無法壓抑自己的欲望時，人們會邁向毀滅之途。

想要輕鬆賺大錢，變成有錢人；被別人稱讚，擁有更好的地位；更引人注目，好好表現自己……當人們被這些欲望吞噬時，容易喪失眾人對他的信任，使得前景一片黯淡無光。

順從欲望展開行動，對未來不會有幫助，這不是投資，而是浪費信用的行為。

所以我們必須不斷對抗自己的欲望。欲望就像隨手撒下的種子，一大意就會冒出新芽。如何與無盡無窮的欲望和平共處，可說是人類永遠都在面對的課題。

過去有人曾對我說：「在人生當中，總會出現欲望的魔爪。就算你再有錢，再怎麼功成名就，也無法從魔爪中逃離。無論到哪裡，魔爪都會找到自己，實在令人不寒而慄。」

這段話中提到的「魔爪」，近似於「只有一下下，應該沒關係」的輕忽大意心態，也就是欲望的化身。有時一失神做出錯誤的判斷或行動，就是所謂的「鬼迷心竅」。內心瞬間閃過的欲望，甚至可能會讓過去的種種累積，瞬間化為灰燼。

為了不輸給惡欲，就只能靠自制力控制自己。當你快被欲望吞噬時，回想心中的願景、自己想成為怎麼樣的人，想到做某個決定可能對未來造成影響，就能忍耐不做；即使眼前的選擇很有吸引力，也要告訴自己「要是選了這個，過去的投資都會化為泡影」，及時踩下煞車。在這種時刻，就須冷靜的判斷現在的自己，是否正要陷入可怕的魔爪中。

就算活到一把年紀，我有時還是會被欲望誘惑，例如產生「想讓自己看起來更帥氣」的想法。此時就要客觀的審視自己，抑制住欲望並好好反省。

不過，被欲望誘惑時，也不須因此覺得自己是個沒用的人而感到沮喪。我們都是普通人，並非聖人，產生欲望是理所當然的，我有時反倒覺得這就是人類可愛的地方。

在生活中，欲望會不斷湧出，所以可以允許自己滿足某個程度的欲望，**但必須清楚劃出界線，明確知道「接下來就碰不得了」**。

由於牽涉到感受和價值觀的問題，我不會強迫各位「就該這麼做」，但遇到某些狀況，必須自覺到「再這樣下去自己就會走偏了」。例如不該欺騙、不能背叛周遭的人們、不扯人後腿，或避免說出違背道德倫理的發言等，這部分因人而異。

當惡欲出現在眼前時，為了能適時踩煞車，平常就應該具備這種「適可而止」的意識。

4 運氣好的人和運氣不好的人

前面也反覆提到過，我十分重視投資在好習慣上。其中最大的原因，是有助於栽培未來的自己，另一個因素則是為了儲存運氣。

擁有幸福的人生，多少需要運氣的加持，為此則必須擁有良好的習慣。可能有些人會覺得：「只要我做對的事，並持續不斷努力，就不必靠運氣。只要實力足夠，一切就會順利。」但無論你用多正確的方法、持續努力不懈，想成功，運氣還是不可或缺的要素。

過去，我曾經問過一位認識的資產家，關於他在工作上成功的原因，他對此只是平靜的回答：「我只是運氣好而已。」回顧他過去的成績，明顯是勤奮學習、不懈努力而造就的成果，但他表示，只是因為好運願意站在自己這邊。

不過確實，以我的角度看來，那個人的習慣和思考方式，都明顯能提升自己的運氣。那怎麼樣的習慣和思考方式，可以帶來好運？

最大的前提是，要相信運氣的存在。若心存懷疑，就無法獲得好運之神眷顧。

此外也要了解到運氣分成「幸運」和「倒楣」，並同時接受雙方的存在。這個世界的運作有所謂的平衡，既然會發生好事，也同樣會發生壞事。所以當我發生腳趾頭撞到家具尖角等這類倒楣事時，就會心想「好，這下可以多存點幸運了」，因此感到有些開心。

另外，能招來好運的絕佳習慣和思考方式，就是保持樂觀的心態，無論發生什麼事，都接受事情原本的樣貌。不過這也不是要你當個樂觀主義者。能接受所有事，就表示已經試想到最糟糕的狀況，而且身心準備充足，不管發生什麼意外，都能臨危不亂。

還有，運氣好的人習慣同時處理多個業務；且無論獲得什麼樣的成功、不管有多少資產，他們總是隨時做好準備以挑戰新事物，並實際安排學習、行動，專注在對自己的投資上。

另一方面，運氣不好的人在一段時間中通常只做一件事，也不會建立下一個目標。所以當唯一的目標陷入瓶頸時，就會感到惶恐不安。

簡單來說，運氣好的人會將名為「自己」的這份資產分散投資，在關鍵時刻才不至於手忙腳亂。所以運氣好的人，通常都很忙碌。

因此為了讓好運站在你這邊，該做的不是朝單一目標直線前進，而是保持好奇心，拓展自我視野，採取多方面的行動。

我本身除了寫作之外，也會處理企業的經營、媒體行銷、商品開發，以及諮詢顧問等工作，平時過得相當忙碌。這些工作的比重和成果，年年都會產生有趣的變化。

這種分散投資的思考模式，也是金融投資的重要概念之一。避免過度樂觀這點，其實還挺相似的。

5 有時，你得和必須做的事保持距離

在日常生活中重視學習，並盡量避免浪費時間，雖然對自己來說是很好的習慣，但時常追求完美也會讓人感到疲乏，所以偶爾也要放鬆休息。

基本上，我都按照自己訂下的規矩過生活，做決定時也會想到到未來的發展。不過，當然不可能一年三百六十五天都這樣過，因此，為了能長時間的持續投資，我會特別安排幾天可以放鬆休息的日子。

突然沒什麼衝勁、想好好休息，都是非常自然的想法。有時因為天氣或某些心理壓力的影響，就難以讓自己一直維持在最佳狀態。

當我想休息時，通常也不會抵抗，而是坐在沙發上放鬆一下，什麼也不做，單純感受時間的流逝。

要是不知道該怎麼休息，只要做到「**和必須做的事保持距離**」就夠了。發呆坐一下，或乾脆睡個覺恢復身心平衡，可能也是有效的做法。

平均來說，我大概每十天會安排一天的休息日。休息日就是徹底維修自己的日子，我盡量不在這天安排行程。這樣的節奏，有些人可能會覺得意外的多，但為了有效的自我投資，我覺得這些休息日是必要的。

無論心理素質再怎麼強大、體格再怎麼結實，不斷向前跑、不停下來休息的話，也會感到疲憊。就算你覺得自己「還撐得住」，一旦停下腳步，可能會意外發現，原來自己已經非常疲憊了。

所以，我們須定期安排休息日，以暫時忘掉投資和學習，也不去思考未來發展。千萬不可輕忽這點：身心都維持在健康狀態，是自我投資的基礎。

我們要仔細傾聽自己內心的聲音，安排一些不用思索未來的日子，才能打造理想的未來。

6 靈感，就是把生活中的感動拿出來用

曾有人找我商量：「我明白投資未來的重要性了，但這麼一來，平常花時間在興趣和娛樂上，會讓我產生罪惡感。」當他把時間和金錢投入在興趣上時，會讓他感到有些不安：「這樣我是不是在浪費時間？」原本幸福的時間變得令人苦惱，這可不是件好事。

關於這一點，我可以坦言，享受娛樂也是一項重要的投資。原因在於，我們能藉此感動。

在工作上激發出靈感，能創造出從未見過的嶄新價值，打動人們的心，

是現今職場上最重視的能力之一。

不過，靈感不會憑空出現，必須以感動的記憶作為種子並用心灌溉，才能綻放美麗的花朵。當想激發出新的靈感時，就要從感動的抽屜中，翻找出過去接收到的種種心動，藉此獲得靈感的線索。

因此，若想迸發出好靈感，就要在生活中儲藏感動。而曾獲得的感動，會直接在工作上表現出來。換句話說，那些令你心動的娛樂，也都是重要的自我投資。所以，該放鬆的時候請盡情享受，不必產生罪惡感。

例如，在看漫畫或看電影時，因為理解故事的主軸和精髓而深受感動，這就是一種獨具價值的學習。

其他無論是悠閒散步、走進感興趣的店家，還是第一次穿上新衣服，只要某個瞬間出現心動的感覺，都將成為絕佳的投資。

在享受娛樂時，最重要的是主動發現並探索的積極心態，也就是保持好奇心，在生活中發掘感動，以及了解自己會因為什麼而感動等。我為了不忘記心動的瞬間，就常做筆記記錄下來。

以前我在談公事時，曾突然跟工作夥伴說：「這杯香草茶的第二泡的顏色比較深，看起來真美。」讓對方嚇了一跳。我單純覺得有點心動，想著：「顏色怎麼這麼漂亮，這種顏色要怎麼形容才好？」結果心裡的話直接脫口而出。對方看了一下杯子裡的茶，也回應：「真的耶！我剛才都沒發現。」

由此可以看出，對於同一杯香草茶，有些人會為此而觸動心弦，有些人就是沒什麼感覺。發掘這類小小感動的過程，會增添你每一天的樂趣。

此外，要是不常活用探求感動的能力，感性也會變遲鈍。因此，希望你每天傾聽自己的內心感受，活用想像力，找出世界上的美好，以及能讓你心動的要素，用它們隨時補充感動的抽屜。

7 自己決定「我該相信什麼」

在這個資訊爆炸的時代，倘若想追求幸福，**最重要的是自己決定「要相信什麼」**。另外，在談到學習時，吸收資訊是不可或缺的。而能充分活用情報，或被不實的消息牽著鼻子走，這兩者之間有著相當大的差距。

眼前出現未知的資訊時，要靠自己來判斷可信度有多高。以我為例，若不是直接看到、聽到、體驗到，然後再思考得出的情報，我基本上不會輕易相信。

資訊的來源有好幾種不同的層面，其中最基本的是「第一手資料」。

第一手資料就是未經加工的原始情報，一般來說是指官方機構蒐集、公布的資料或數字，例如企業結算總額和政府統計數據等，其中包含了許多有用的資訊，有空請務必了解一下。

除此之外，透過自己的實際體驗獲得的情報，也是珍貴的第一手資料。

像我去便利商店時，總是習慣觀察周遭的環境。

看看商品架，找找有什麼前一週沒看過的新商品；了解最近流行些什麼，店家又是怎麼宣傳的？客人臉上掛著什麼樣的表情、穿什麼樣的衣服？負責收銀結帳的店員，如何跟客人溝通？

走在道路上、搭電車時，我也會這樣觀察，並將新發現儲藏在心中。透過觀察獲得的情報，是他人無法輕易獲得、珍貴的第一手資料。

第二手資料指的是透過報紙、電視、網路等媒體統整，傳遞出來的文章或報導。換言之，這類資訊是來自別人的意見。

第二手資料由於經過加工，會比第一手資料來得容易理解，但絕對不能因此照單全收。由於第二手資料是來自他人的主張、思想和意圖，為了完整掌握其傾向，要先確認情報來源，甚至了解編寫者有什麼樣的意圖。

我幾乎不太相信來自網路上的資訊。

主要是因為，我過去曾好幾次在網路上看到，與自身經驗和事實相去甚遠的資訊；也有不少看似煞有其事，卻完全誤導他人的情報。我後來覺得，要一一判斷這些大量的情報是真是假，實在太浪費時間了。所以除了政府統計數據這類官方機構提供的資訊之外，我大都是從閱讀和人們身上學習。

我最後要提到「第三手資料」。

這是最重要的情報來源，它來自你本身歸納出的答案。

由於現在科技進步，即使不多加思考，生活上也不會產生太大的困擾。但若習慣這樣的做法，就只能得到大家都可以輕鬆取得的資訊。

因此，你不妨在蒐集第一手和第二手資料後，嘗試找出其中的差異，並思索後得出屬於自己的答案。在這個過程中，甚至會出現新發現，讓你不自覺的想：「會不會是這樣？」不尋求來自他人的第二手資料，或手邊現有的答案，以自己的頭腦思考，最終得出解答。

像這樣意識到第一手與第二手資料不同，整理後掌握兩者的差異，理解潛藏其中的真相，才能獲得真正值得相信的資訊。

有用且正確的情報，往往不是來自於他人。透過自己思考，才能得出最值得當作結論的第三手資料。

8 主動尋找獨家的第一手資料

當你接觸到各種媒體分享的第二手資料時，須掌握來源和發送的意圖，絕不能盲目盡信，但這也並不表示第二手資料就等於二流情報。

舉例來說，我大概每十天會到一家理容院消費。

我只是想舉個簡單的例子，但對我來說，頻繁去那家理容院剪頭髮，可不是在亂花錢。

儀容固然重要，不過我這麼做主要是為了學習，也就是自我投資。

經常有企業經營者、社會名流，或是藝術家等知名人士到那家理容院消費，是個能讓我打從心底放鬆休憩的場所，而那些人閒聊時的話題，在我聽來都特別有趣。

像是從沒聽過的財經時事、社會新聞的內幕、當事人的煩惱，或社會變遷和喜歡的店家等，都是只有在現場才能聽到的優質情報。這些值得信賴的資訊對我來說相當寶貴，是十分具有價值的第二手資料。

這類學習場所，不僅限於那家理容院。我也會定期參加一些學習聚會，從各界人士身上，學習專家的觀點或是交換情報。從活躍於第一線的人們口中，總是可以聽到一些珍貴的獨家情報（第二手資料）。

順帶一提，這種聚會之所以特別有趣，應該是因為自己也要主動提供消息——自己以來賓的身分與會，分享工作哲學與想法，才能獲得下一次的入場資格。不能只單方面獲得新情報，也要提供新的學習話題給其他學員。

如果你也想獲得這類的情報，第一步就是動身前往有獨到見解的人所在的場所，那裡匯集的資訊品質，跟平常能接觸到的完全不同。

剛開始，你可能會覺得自己跑錯地方，也可能會因為參加費用而卻步。不過，假如有明確的目標，為此適度的投資是有意義的，過不了多久，就會獲得驚人的報酬。更重要的是，有機會與值得敬重的人們溝通交流，是一件令人非常愉快的事。

9 我最擅長的一件事，不是寫作

我無論對人或對事，幾乎不會出現否定的想法。我會試圖表達接受、理解、相信、認同——基本上就是全面肯定。不是只接受好的、拒絕不好的消息，而是兩方都同樣認真聆聽，盡量不帶任何歧見。

為什麼？因為無論好事或壞事，都有值得學習的地方，可以成為成長過程中的借鏡。就算是壞事，若能帶著「理所當然」的心態坦率面對、思考，以長遠的眼光看來，也能豐富自己的人生。

舉個例子，有時自己提出的點子，後來思考還是會覺得「好像哪裡怪怪的」。這種時候只要接受事實：「啊！看來我還是想錯了。」並適度修正。不須感到後悔，也用不著自責，以積極的心態告訴自己「再想想看其他方法」就好。

倘若不幸失去重要的家人或大筆財產，我也會努力試圖理解。這當然不是件簡單的事，但終究還是須接受眼前令人難過的事實，在心中表達感謝：「謝謝上天給我這樣的試煉。」

一個人若是內心感到憤怒，就很難繼續向前走；比較好的應對做法是，不過度抗拒無情的現實與環境，並思考「接下來我該怎麼過生活」。

在待人方面也是同樣的道理。我通常不會主動評價他人，在我的心中也沒有所謂的優劣之分。

我即使站在管理的立場，或必須帶領團隊時，也從來沒想過「挑人」。通常會單純接受身邊的人，發掘每個人的優點，再把工作交辦下去。

硬要說的話，周遭如果有相關經驗豐富的人，我可能會心想：「太感謝了，真是幫了我大忙。」但這也不代表我不會選沒經驗的人，反倒覺得選他們會很有趣：「假如把這個工作交給這個人，不知道會怎麼樣？」（當然，這也是因為想讓他累積更多經驗，如果感覺到對方快撐不下去時，我也會主動協助。）

所謂的全面肯定，也代表「全部喜歡」的含意——設法找出所有人事物好的一面，無論發生什麼事，都當作能讓自己成長的養分。我想，這是我在人生中最擅長的一件事。

提到全面肯定，很多人可能會覺得「我不可能做到」、「我才沒那麼了不起」，但是不用想得太困難，只要願意努力找出事物好的一面、喜歡的地方，就自然會慢慢產生全面肯定的思維模式。

如果你發現自己習慣批評、動不動就表達評論，而且處事的態度悲觀消極，請試著逐步改變你的思考方式。

全面肯定的心態能讓你的心情放輕鬆，無論是一如往常或發生什麼狀況時，都可以平心靜氣的向前方道路邁進。

國家圖書館出版品預行編目（CIP）資料

松浦彌太郎：我對投資的想法：如何讓金錢喜歡你？不用太多錢就有豐富生活的投資提案。／松浦彌太郎著；林佑純譯 .
-- 初版. -- 臺北市：大是文化有限公司，2022.12
208 面；14.8×21 公分 . --（Biz；412）
譯自：僕が考える投資について
ISBN 978-626-7192-45-0（平裝）

1. 成功法　2. 生活指導

177.2　　111015931

Biz 412

松浦彌太郎：我對投資的想法

如何讓金錢喜歡你？不用太多錢就有豐富生活的投資提案。

作　　者／松浦彌太郎
譯　　者／林佑純
校對編輯／林盈廷
美術編輯／林彥君
副 主 編／馬祥芬
副總編輯／顏惠君
總 編 輯／吳依瑋
發 行 人／徐仲秋
會計助理／李秀娟
會　　計／許鳳雪
版權主任／劉宗德
版權經理／郝麗珍
行銷企劃／徐千晴
行銷業務／李秀蕙
業務專員／馬絮盈、留婉茹
業務經理／林裕安
總 經 理／陳絜吾

出 版 者／大是文化有限公司
臺北市 100 衡陽路 7 號 8 樓
編輯部電話：（02）23757911
購書相關諮詢請洽：（02）23757911 分機 122
24 小時讀者服務傳真：（02）23756999
讀者服務 E-mail：dscsms28@gmail.com
郵政劃撥帳號：19983366　　戶名：大是文化有限公司

法律顧問／永然聯合法律事務所
香港發行／豐達出版發行有限公司　Rich Publishing & Distribution Ltd
地 址：香港柴灣永泰道 70 號柴灣工業城第 2 期 1805 室
Unit 1805, Ph.2, Chai Wan Ind City, 70 Wing Tai Rd, Chai Wan, Hong Kong
電 話：21726513　傳 真：21724355　E-mail：cary@subseasy.com.hk

封 面 設 計／林彥君　內頁排版／吳思融
印　　　刷／鴻霖印刷傳媒股份有限公司
出 版 日 期／2022 年 12 月初版
定　　　價／360 元（缺頁或裝訂錯誤的書，請寄回更換）
I S B N／978-626-7192-45-0
電子書 ISBN／9786267192481（PDF）
9786267192498（EPUB）